メンタリスト DaiGo

# メンタルサプリ

自分を操るポジティブな心理学

ヒカルランド

あなたはいつも、
他人と自分を比べて、
人に期待し、目標を持って
毎日をがんばって生きていませんか？
それではどんどん幸せから
遠ざかってしまうし、逆に
不幸になりやすい思考と行動の
パターンなのです。

目標や計画は、
幸せになるための行動を
邪魔することがあります。
幸せになるためには
「未来」に注目するのではなく、
「現在」の行動に
フォーカスするのです。

「成功した人は、
特別な秘密を知っている。
特別な方法を使ったから
成功したのだ」
というのは、誤解です。
そう思いたがる人は、
自分が努力をしない
理由がほしいだけなのです。

メンタルサプリ

目次

## 第2章 人生の幸福度を上げる7つの行動

## 行動6 変化をつける

第3章

# 幸せになる人間関係を作る5つの姿勢

装丁　坂川事務所
撮影　中谷航太郎
編集協力　川端隆人
ヘア・メイク　永瀬多壱（VANITÊS）
スタイリスト　松野宗和
衣装協力　TOM REBL／志風音
校正　麦秋アートセンター

# はじめに

## 「これまでいくつもの自己啓発本を読んで、結局幸せになれていない人へ」

幸せになるためのノウハウは、世の中に大量に流通しています。

書店の自己啓発本コーナーに行けば、

「人生のゴールを設定すれば幸せになれる」

「ポジティブな言葉を使えば幸せになれる」

「部屋を片づければ幸せになれる」

「瞑想すれば……」

「夢をノートに書けば……」

「スティーブ・ジョブズに学べば……」

「『引き寄せの法則』を信じれば……」

などなど、数えきれないほどの「幸福の方法論」が並んでいます。

その中には、いい加減なものももちろんあります。しかし、有益な行動をすすめているものも少なくありません。

たとえば、瞑想はたしかに脳を鍛《きた》えてくれますし、スティーブ・ジョブズのいいところはどんどん学ぶべきです。部屋は片づいているほうがいいに決まっています。

だとすると、書店に並んでいるこれらのノウハウに従えば本当に幸せになれる……はずなのですが、実際に自己啓発本を読んで（あるいはセミナーに通ったりして）幸せになれる人は少数派です。

あなたもきっと、これまでにいくつもの自己啓発本を読んで、なんとなく役に立ちそうな気がしたものの、結局幸せにはなれていないのではありませんか？

だからこそ、次から次へと新しいノウハウに手を出す人があとをたたないし、それゆえにまた大量の「幸福の方法論」が世に出てくることにもなります。

では、なぜ、多くの人は「幸せになるための方法」を使って幸せになることができないのでしょうか。

それは、具体的な方法の前に、土台となる原則がわかっていないからです。

幸せの原則です。

この原則を理解していなかったり、あるいは、もっと悪いことに、「どうすれば幸福になれるか」について根本的な誤解があったりすると、うまくいくはずがありません。

前述したように、それ自体は間違っていない方法でも、使い方を間違ってしまうのです。

そこで、本書では、まずはこの原則レベルでの誤解を解くところから始めたいと思います。

幸せになるための基本となる3つの原則。それは、

「比べない」

「期待しない」

「目標を持たない」

です。

裏を返して言えば、多くの人は幸せになろうとして、比べたり、期待をしたり、目標を持ったりという誤りを犯しているために、いつまでたっても幸せになれないのです。

では、なぜ、それが誤りなのかを見ていきましょう。

第1章

# 幸せになるための3つの原則

# 原則1 比べない

## ●Facebookが幸せをもたらさない理由

幸せになるための原則の第一は、「比べない」こと。

ほとんどの人は、自分の幸福を判断するために、他人と比較するクセがついてしまっています（意識しているかどうかはともかく）。

それでは、まず幸せになるのは不可能です。


たとえば、こんな例を考えてみましょう。

がんばってお金を貯めて、500万円のクルマを買った人がいます。

その人がどんな気分か、考えてみてください。

念願の新車を手に入れて、うれしいだろう。きっと幸せにちがいない——と想像するのではないでしょうか。

では、さらに想像を進めましょう。

自慢の新車の写真をFacebookに載せようとしたら、ちょうど、起業家の友人も記事をアップしたところだった。そこには、友人が買ったばかりの2000万円のクルマの写真が……。

こうなると、先ほどまでの喜びや幸福感はどこへやら、みじめさ、悔しさ、妬《ねた》み、場合によっては憎しみでいっぱいになってしまうことも、容易に想像できるでしょう。

合コンに行っていい相手に出会えなかった人が、Facebookを開いたら友達の夫が外資系勤務のイケメンで長身だった、と知ったらイラッとするはずです。

一人でポツンと牛丼を食べながらTwitterを見たら、知り合いが仲間と楽しそうに焼肉屋で盛り上がっている写真を見てしまった。たとえ牛丼が好物だとしても、やっぱりその後の食事はおいしくは感じられないでしょう。

ここには、幸せから遠ざかりやすい、不幸になりやすい思考と行動のパターンがあります。

それは、他人と自分を比べることです。

**「比べる」ということは、他人を意識していること。自分よりも他人の生き方を気にしていては、決して幸せになれません。**

たとえ満足できる生活を送っていても、「あの人のほうがたくさんお金を稼いでいる」「生活レベルが高い」と思い始めた途端に不幸になってしまいます。

特に最近は、スマホが普及し、いつでもどこでもSNSを見ることができるようになりました。他人の生活を目にすることが多くなり、他人と自分を比べることがより簡単になっています。そのぶん、比べることの弊害が大きくなってきています。

はっきり言えば、わざわざソーシャルメディアで他人の生活の断片を覗《のぞ》き見ることによって、みずから不幸になっている人が多い。

ソーシャルメディアは決して幸せをもたらしません。

たしかに、幸福は親密な人間関係によってもたらされることも多いので、人間関係を深めるためにLINEやFacebookなどのソーシャルメディアが役に立つこともあります。しかし、SNS自体は疑似的なコミュニティに過ぎませんから、そこに属することで幸福度は上がりません。

**SNSに滞在する時間が増えるほど、他人と比べてしまうことの弊害が増していくのです。**

実際、ミシガン大での若者を対象にした研究ではFacebookを利用すると主観的幸福度が下がるという結果が出ていますし、Facebookの利用増加とうつの関係を指摘したヒューストン大の研究もあります。

もちろん、問題はネットを介する場合ばかりではありません。実際に他人の生活を見て、自分と比べるのもNGです。

下を見ると「こいつに比べればまだましだ」と自分に甘くなる。上を見ると「この人に比べたら、自分なんて……」とみじめになり、やる気をなくす。

いずれにせよいいことはないからです。

唯一、本当に凹《へこ》んでいるときには、自分より不幸な人がいることを知ると安心でき、気分を回復させられるという効果はたしかにあります。とはいえ、効果は一時的でしかなく、本当に辛いときの対症療法にすぎません。

すでに、若い人の間ではFacebook離れが進んでいます。職場などのつながりたくない人とつながってしまう、といったリスクのせいもあるのでしょうが、一番大きな理由は、SNSで他人の生活を垣間《かいま》見て、自分と比べてもろくなことはない、と気づき始めたということなのだと思います。

## ●世界一の大富豪、ウォーレン・バフェットの生き方

「比べない」ことが、幸せになるためにいかに大切か。

それを教えてくれる、最高の実例はこの人でしょう。

アメリカ、いや世界でもっとも著名で、かつ尊敬を集めている投資家、ウォーレン・バフェットです。

バフェットは6兆円以上の資産を保有し、「フォーブス」誌の世界長者番付で第3

位にランキングされています。どんな暮らしをしているのだろう、さぞすごい大豪邸に住んでいるのだろう、と思うかもしれません。

ところが、バフェットが住んでいるのは、60年前に3万ドルで購入した、ネブラスカ州オマハの家です。ちなみに、愛車はスバルのレガシィ。高級車を何台も持っているわけではありません。

かつて、バフェットが生まれ故郷であるオマハに住むことを決意したときには、「投資家がウォール街を離れたら終わり」と言われていたといいます。しかし、バフェット自身は「都会を離れることで、自分の心が濁《にご》らなくなり、多くの情報の中から正しい決断が下せるようになった」といいます。

家や車のランク、暮らしている場所などを他人と比べることをせず、自分流の生活と仕事のスタイルを貫いているからこそ、バフェットの決断にはブレがなく、一貫性がある。だからこそ投資家として卓越した結果を出せるし、「オマハの賢人」として世界から認められているというわけです。

## ●比べるなら、「過去の自分」と「今の自分」

改めて確認しておきましょう。他人との比較は、幸福をもたらしません。下を見ると「こいつに比べればまだましだ」と自分に甘くなり、上を見ると圧倒されてやる気をなくすからです。

幸せになるためには、他人と比べないことです。

一方で、**幸せにつながる比較もあります。それは、「過去の自分」と比べること。比較する対象を他人ではなく「過去の自分」にするのです。**

この「自分との比較」の結果、

「エクササイズを続けて、半年前より明らかに引き締まった体型になった」

「ダイエットで、1ヶ月前より○キロ痩《や》せた」

「営業成績が前年比150％になった」

といった目に見える結果が出れば、当然ながら幸福度は上がります。さらなる行動へのモチベーションも上がるでしょう。

ただし、「過去の自分」を「今の自分」と比べるためには一手間が必要です。「過去の自分」を見るためには、記録を残しておく必要があります。なんとなく筋肉がついたような気がしても、3ヶ月前の体型を写真に撮っておかなくては、はっきりと変化を認識することはできません。

過去の自分との比較のためには、記録が欠かせない。今後、「過去の自分」との比較をしていくためには、すぐに「今の自分」の記録を始めるべきです。

具体的なやり方としては、手帳の使い方を変えましょう。

**手帳には「予定」を書き込みますが、それだけでなく、「記録」を書き込むようにします。**

たとえばダイエット中の人なら体重や体脂肪率を記録する、ジムに通っている人ならトレーニングメニューを記録する。トレーニングの場合だったら、通算のトレーニング回数を記録していくのもおすすめです。数が増えていくのでモチベーションが上がるからです。

また、それ以外にも簡単な「日記」を書き込んでおくこともおすすめします。手帳には友達との食事、仕事での得意先への訪問、社内でのミーティングなどなど、公私の予定が書き込まれているはずです。それらの予定が済んだら、そこに簡単な感想を書き加えておきましょう。

それも、「久々に○○と会えて楽しかった」「地酒が充実していていい店だった」「不安だったプレゼンが大成功した」といったポジティブな言葉を残しておくことがポイント。たとえば営業で受注に至らなかった場合でも、「お客さんが真剣に話を聴いてくれた。手応えあり」といった感想を書いておけばいいでしょう。

手帳に書き込まれた「日記」は、折に触れて見返すようにします。

**人間は過去の成功を振り返ると、現在の自分の満足度が上がることがわかっています。**さらに、**未来の予定を見据えるとモチベーションが上がる、**ともいわれています。

凹んでいるときはポジティブな言葉で表現された過去の「成功事例」を振り返ることで自分を奮《ふる》い立たせ、ノッているときは未来に目を向けてさらに気分を高揚させる。これが、手帳（兼日記）の上手な使い方です。

このように、「過去の自分」との比較には、

○今のほうがよくなっていれば達成感がある
○そうでなくても、過去の自分の成功事例から元気をもらうことができる

というメリットがあります。

他人との比較は、上を見ても下を見ても、結局は幸福から遠ざかるだけでした。自分との比較は、どちらに転んでもいい結果を生むというわけです。

## まとめ

・他人と比べることをやめる。上と比べれば自分がみじめになり、下と比べれば自分に甘くなる。自分に甘くなってもメリットはない。

・比べるなら、「過去の自分」と「今の自分」を。成長を実感すると、幸福度が上がる。

・手帳を「予定表」としてだけでなく、「日記」としても活用する。凹んだときは過去を振り返り、やる気を上げるときは未来に目を向けよう。

# 原則1 比べない【ワーク1】

## つい、他人と比べてしまったときの修正法

「他人と比べないほうがいいことはわかった。でも、どうしても比べてしまう」という人は多いでしょう。

ついつい比べてしまうのは仕方がありません。問題は、そのときにどう対応するかです。

結論から言うと、

○自分より上の人と比べてみじめになってしまった場合には、**「相手になくて、自分にあるもの」を思い出しましょう。**

これで自信を取り戻すことができます。

○自分より下の人と比べて慢心してしまった場合には、**「自分になくて、相手にあるもの」を思い出しましょう。**

自分はまだまだ成長の余地があると感じることができますし、他人の強みを活かす発想（つまり、マネジメント的な発想）ができるようになります。

カレーとハンバーグはどちらが優れているか、という比較はできません。まったく違う料理だからです。言い換えると、どちらも他方にはない要素、魅力を持っているからです。

これは、他人と自分の関係でも同じ。本来、まったく違う人間で、比べることはできません。それを同じ軸で比べようとするのは愚かです。

このワークのポイントは想像力です。

**「相手になくて、自分にあるもの」「自分になくて、相手にあるもの」はなにか、自**

由な発想で考えてみましょう。

## 2 下と比べて慢心してしまった場合

**Aさんに比べたら、自分のほうが友達も多いし、人脈もある。**

→Aさんはいつも難しそうな本を読んでいる。
だから、他の人とは一味違うものの見方ができるのかも。

**後輩のB君、全然営業力がないな。**
**俺がB君ぐらいの年のころはもっとできたよ。**

→B君は誰にでも可愛がられる才能がある。
他部門や外部との窓口になってもらったらよさそうだ。

## あなたの自信を取り戻し、
## 他人の強みを活かす
## 発想ができるようになるワーク

下記の要領で書き込んでみましょう。

### 1 上と比べてみじめになってしまった場合

**友人はベンツを持っている。自分のクルマは安い国産車だ。**

→あいつの収入でベンツを買って維持しているわけだから、
たぶん貯金はないな。自分はそこそこ貯めている。

**同期はもう結婚して子供もいて幸せそう。自分はまだ独身だ。**

→思い立ったときに一人で旅行に行けるのは
独身だからこそだ。

# 原則2 期待しない

## ●「承認」を求めれば求めるほど、不幸になる

幸せになりたいと考えたとき、人はたいてい、他人による「承認」を期待してしまいます。これも、幸せになるためにリセットしなくてはならないクセの一つです。

幸せになるための原則その2は「期待しない」。

**他人の承認を期待することをやめましょう。**

たとえば、ネオヒルズ族と呼ばれるような起業家たちは、事業で成功し、お金持ちになるだけでは満足できていません。

わざわざロールス・ロイスのような高級車を買って乗り回し、それを他人に見せびらかそうとします。そうすることによって、「成功者だ」「お金持ちだ」と他人に認めてもらいたいからです。

他人に認めてもらうことで、ようやく幸せになれると考えているのでしょう。

別に高級車を乗り回さなくても、たいていの男性は地位に固執します。これも他人から認められたいという欲求の表れです。

女性の場合は、承認欲求が「好かれたい」という形をとり、友達のグループをはじめとする人間関係に執着することが多いです。

残念ですが、こんなふうに他者からの「承認」を期待していても、その望みはいつになっても満たされることはありません。

なぜなら、**他人に認められるということは、自分ではなく、「相手の望みどおりの自分になる」ということだからです。**

誰かの「承認」を期待すると、その誰かの望むとおりの顔をしなければならない。

もしも、みんなから認められ、好かれたいと思えば、すべての人に対して違う顔を見せなくてはいけません。それを続けているうちに、やがて自分の本当の顔を忘れてしまう。自分が求める幸せとはなんなのか、さえわからなくなってしまうのです。

結果、その場その場で相手の期待に合致する誰かを演じるだけ、になってしまうわけです。これでは幸せになどなれるわけがありません。

そうならないためには、他人に期待しないこと。

**他人に承認してもらうことで幸せになろうとするクセをリセットすることです。**

## ●自分にしかできないことを見つけ、独自性を作っていく

では、どうすれば承認欲求を手放すことができるでしょうか。

答えは、**自分で自分を承認すること。そのために、独自性を作ることです。**

「これは自分にしかできない」というものがわかっている人は、自分自身の価値を承認している状態になれます。だから、他人に認めてもらう必要がなくなるのです。

と言うと、こんな反論が聞こえてきそうです。

「私は平凡な人間で独自性なんてない」

「特別な才能に恵まれたわけではないし」

「簡単に独自性なんて言わないでくれ」

こんなふうに考える人は、独自性というのはなにか特別な人だけに、はじめから備わっているものだと思っているのでしょう。

私が言う独自性は、そういうものではありません。

**独自性は見つけるものではなく、作っていくものです。**


ビジネスパーソン向けの講演や研修で講師を担当するとき、受講生の方に「あなたの一番の強みは？」と質問を投げかけることがあります。

たいていの場合、答えが返ってきません。「強みですか？　強みというほどのものは……」などと言って、口ごもってしまう人が多いです。

おそらく、ほとんどの人は「独自性」とか「強み」と聞くと、「誰にも負けない」とか「社内（あるいは業界、下手をしたら世界）でトップになれるくらい」の能力を思い浮かべてしまっている。

それでは、独自性なんて作れるわけがない、と思い込むのも無理はありません。当然ですが、あなたの「独自性」は世界トップの能力である必要はありません。他人の能力と、自分の能力の「背丈」を比べる必要はないのです。

大事なのは、自分の能力の「幅」をちゃんと理解すること。どういう意味か、私を例にして説明しましょう。

まず、私は勉強するのが好きで、本を読むのが好きです。これを「独自性につなげられないかな?」というのがスタートです。

私はたくさん読む。けれども、もちろん一番の読書家ではありません。また、一番の物知りでもありません。

ただ、読書好き、勉強好きの根底には好奇心の強さ、観察力の強さがあって、これは自分の中で一番の強みだ、と思いました。

あくまで、**自分の中で一番の強みであることがポイントです。**他人と比べるなら、好奇心にせよ観察力にせよ、私より優れた人はいくらでもいます。たとえば、大学の研究室にはいくらでもそんな人がいるでしょう。

ポイントは、**自分で自分の中で一番強力なものを見極めて、それを信じきることです。**

持ち前の好奇心を活かして学ぶことで、私は世界中で歴史を超えてヒットしていながら、日本ではまだ知られていなかった「メンタリズム」という独自の領域を見つけました。しかも、メンタリズムは私の観察力も活かすことができます。こうして私は、日本で唯一のメンタリストという、独自のポジションを手に入れました。

## ●自分の能力の「幅」を決めるだけで、世の中の見え方が変わってくる!

改めて、独自性の作り方をまとめておきましょう。

まず、好きなものに着目してみる。そして、好きなことの中から、自分の一番強力な能力を見つける。それがあなたの強みです。

**強みは、好きなことと結びついていることが重要です。** 好きなことなら行動に移しやすく、努力のスタートダッシュが速くなります。得意でなくても、好きだというだけで、継続はできますし、そうすればいずれは成果が出ます。だから、強みは好きなこととその周辺で見つけることが大事です。

そして、くれぐれも他人とは比べないことです。

強みは、勝手に決めていい。事実かどうかは問題ではありません。

**自分の能力の「幅」を決めるだけで、世の中の見え方が変わってくる。**

独自性を作るには、まずはここから始めましょう。

独自性を作るのに必要なのは、こんなにも簡単なことです。

特別なことはなにもありません。

「成功した人は、特別な秘密を知っている。特別な方法を使ったから成功したのだ」というのは、誤解です。

『人を動かす』などの成功哲学で名高いカーネギーも、自己啓発の始祖であるアドラーも、言っていることはごく当たり前のこと。ごく当たり前のことを継続した人が成功しているのです。
成功には特別ななにかが必要、成功者だけが知っている秘密がある、と思いたがる人は、自分が努力をしない理由が欲しいだけなのです。

ここまでの説明で、「独自性は誰にでも作れる」ということがおわかりいただけたと思います。

他人の承認を期待するのをやめること。
そして、他人ではなく、自分自身の可能性に期待し、独自性を作るために行動すること。それが幸せになるための２つ目の原則です。

**まとめ**

- **承認欲求は決して満たされることはない。承認を求めれば求めるほど自分を見失うだけ。**
- **自分で自分を承認しよう。そのために独自性を作り出すこと。**

原則2 期待しない【ワーク2】



## あなたの強みを見つけるテスト

独自性を作るための第一歩は、自分の強みを認識すること。

そして、見つけた強みを活かせるように行動し、その結果をフィードバックして、また行動する。そのサイクルで強みがさらに強化され、独自性に育っていきます。

そこで、まずは信頼できる性格テストで自分の強みを発見することから始めましょう。

一番のおすすめは、マーティン・セリグマン博士の開発した「VIA－IS」テストです。これはオンライン（http://www.positivepsych.jp/via.html）で無料診断を受けることができ、信頼性も申し分ありませんが、質問項目が多く、診断に手間がかかるのが難点です。

そこで、もっと簡易なテストとして「BIG5TEST」を紹介しておきます。

これは、ペンシルバニア州立大のジョン・ジョンソン博士が開発したもので、わずか10問の質問に答えるだけで、自分の強みがわかるというものです。

このテストでは、外向性・神経症的傾向・開放性・協調性・勤勉性の5つの能力を測ることができます。

大事なのは、どんな結果が出ても自分の強みが見つかるということ。

たとえば、外向性が高い人は人間関係形成に優れている。一方で、外向性が低い（つまり内向的な）人は一つのことに集中する能力が高いのです。

どう転んでもポジティブな結果を得られますから、まずは次のページのテストを試してみてください。

## 参考 平均値

**外向性**

男性：8.5　女性：9.1
（高い人は人間関係形成に優れる。
低い人は一つのことに集中する力がある）

**神経症的傾向**

男性：5.7　女性：6.7
（高い人は繊細で感受性が強い。低い人はメンタルが強い）

**開放性**

男性：10.7　女性：10.8
（高い人は創造性に恵まれている。
低い人は規律・秩序を守るのが得意）

**協調性**

男性：10.1　女性：10.6
（高い人はチームワーク向き。
低い人はリーダーかアーティスト向き）

**勤勉性**

男性：10.4　女性：11
（高い人はコツコツと大きな仕事を成し遂げるのに向いている。低い人は短期間で結果を出すのが得意）

## あなたの強みがわかる
## BIG 5 TEST

**次の10項目について、1（まったくあてはまらない）～7（完全にあてはまる）の7段階で点数をつけてください。**

**自分の性格は…**

- Ⓐ 外向的、情熱的
- Ⓑ 批判的、口げんかをしやすい
- Ⓒ 自己コントロール能力が高い、頼りがいがある
- Ⓓ 心配性、動揺しやすい
- Ⓔ 新しい経験や複雑な物事に対してオープンである
- Ⓕ あまり自分を主張しない、無口
- Ⓖ 共感能力が高い、優しい
- Ⓗ 物事にこだわらない、ぶっきらぼう
- Ⓘ 温厚、感情が安定している
- Ⓙ 形式にこだわる、創造性が低い

**結果の計算**

外向性＝（8－Ｆの点数）＋Ａの点数

神経症的傾向＝（8－Ｉの点数）＋Ｄの点数

開放性＝（8－Ｊの点数）＋Ｅの点数

協調性＝（8－Ｂの点数）＋Ｇの点数

勤勉性＝（8－Ｈの点数）＋Ｃの点数

# 原則3　目標を持たない

## ●「目標を立てる」「計画を作る」ことの罠

巷《ちまた》にあふれるビジネス書には、よくこんなことが書かれています。

「行動を起こす前に目標を明確にしよう」
「目標を達成した自分をイメージしてみよう」
「綿密な計画を立てることで、成功しやすくなる」

一見、もっともらしく聞こえますが、実際に目標を明確にし、計画を綿密に立てることで成功できている人はどのくらいいるでしょうか？
むしろ、こんなことが書いてあるビジネス書をいつも読んでいるのに、いつまでたっても成功はおろか、行動さえできないという人が多いと思いませんか?

ビジネス書の代金の何十倍ものお金を払って、自己啓発セミナーに参加している人も同じです。「年収を上げたい」「起業したい」と考えてはいても、結局ほとんどの人は5年後も同じ状態のままです。

これは、なぜなのでしょうか?

理由は簡単。彼らが、本やセミナーで教わったとおりに、目標を持ち、計画を立てたからです。

目標の設定や計画作りを通じて、成功したイメージを作ってしまい、それだけで満足して、そこでストップしてしまっているのです。

## ●「モラル・ライセンシング」の罠

心理学には、「モラル・ライセンシング」という概念があります。

いいことをしたり、考えたりしたぶんだけ自分に甘くなる、という現象のことです。

たとえば、朝からジムで運動した人が、お昼にはカロリーが高いジャンクフードを食べてしまう。残業をがんばったから「自分にご褒美」などといって衝動買いしてしまう、といったことです。

おもしろいのは、いいことをした場合ではなく、考えただけでもモラル・ライセンシングは生じるということ。ある実験では、ボランティア活動をすることを考えただけで、被験者は自分のために買い物をしたい気分になった、という結果が出ています。

先ほど見た、目標設定や計画作りでは、まさにいいことを考えているわけですから、モラル・ライセンシングが生じて当然です。

たとえば、「10年後、成功して幸せになる」という目標を立てた人は、それだけで満足して、自分に「怠《なま》けてもいいよ」というライセンスを出してしまう。あるいは、起業の計画を立てたことで満足して、その夜は勉強を放り出して飲みに行ってしまう——という具合にです。

**目標や計画は、幸せになるための行動を邪魔することがあるのです。**

というわけで、幸せになるための原則の最後は「目標を持たない」です。「10年後に年収3000万円」と目標を設定し、成功した自分を想像するのは楽しいことでしょう。しかし、それでなにも変わりません。

## ●目標は、今、とるべきベストな行動を決めるためにある

**幸せになるためには「未来」に注目するのではなく、「現在」に注目することです。未来の目標ではなく、現在の行動にフォーカスするのです。**

「数年後には起業したい」という長期スパンの目標を持っている人はたくさんいますが、「そのために今、どんな行動をとるのがいいのか」わかっている人はほとんどいません。

本当に起業したいのなら、そのために「今はなにをすべきか」を考えるべきです。

それは相談に乗ってくれそうな知り合いに電話をかけることかもしれませんし、節約のために明日持っていくお弁当を作ることかもしれません。とにかく、今、とるべ

きベストの行動を考え、行動することです。

そして、**現在の行動にフォーカスすることで、はじめて目標の本当の意味、使い方がわかってきます。**

**未来の目標は、今、とるべきベストな行動を決めるためにあるのです。**

それ以外に意味はありません。

目標が5年後の起業なのか、1年後の留学なのかで、今とるべき行動は当然、変わってきます。起業する業種、留学先によっても変わってくるでしょう。その意味で目標は必要だし、明確でなければいけない、というだけのことです。

カーナビは、目的地を設定するからこそ、目の前の交差点を右に行くべきか、左に行くべきか、直進すべきか、を示します。カーナビに入力する目的地が目標なのです。だから目標は必要なのですが、だからといって、カーナビが目的地周辺の地図をいくらクリアに表示してくれても、そこにたどり着くことはできないでしょう。カーナビは今、どちらに進めばいいかを教えてくれてこそ意味があるのですから。

目標にフォーカスしてしまっている人は、目的地周辺の情報しか表示しないカーナビのような、役に立たない思考パターンに陥っているという自覚が必要です。

**常に「今」を基準にして、「今、なにをすべきか」を考える。**

あるいは、未来の理想の自分を想像してにやにやするよりも、**実際に行動して、少しでも目標に近づいていることにわくわくする。**

こうした姿勢は、目標にフォーカスするよりも、実は成功への近道です。

しかし、現在の行動にフォーカスするメリットはそれだけではありません。

山を登るとき、頂上まであと何メートル、と距離ばかり気にしていては登山は楽しめません。一歩足を進めるごとに変わる景色、地面の感覚、登山道の脇に咲いている花……などを五感で感じるからこそ登山は楽しいのです。

目標にフォーカスしてしまったら、楽しいのは達成の瞬間だけでしょう。

一方、現在の行動にフォーカスすれば、目標に至るプロセスを楽しむことができるようになるのです。

どちらが幸せになりやすいかは明らかでしょう。

## まとめ

・成功をイメージするとそれだけで満足して、かえって行動力がなくなる。

・いいことを考えたぶんだけ自分に甘くなるモラル・ライセンシングの罠。

・未来の目標ではなく、現在の行動にフォーカスしよう。目標や計画は、今、とるべきベストな行動を知るためにある。

・目標実現までのプロセスも楽しむ。そこに幸せがある。

# 原則3 目標を持たない

## 【ワーク3】

### 「やるべきこと」の楽しい面にフォーカスする

常に「今」を基準にして、「今、なにをすべきか」を考えろ——そう言われても、実際にやろうとすると抵抗を感じるはずです。「今、やるべきこと」は基本的に面倒なことだからです。

では、どうやって面倒な「やるべきこと」に取り組むのか。

ここで、**「2つのことに同時に目を向けることはできない」という人間の性質を利用します。**

「やるべきこと」の楽しい面に目を向けてしまえば、面倒臭さには目が向けられなくなるはずです。

たとえば、旅行のために飛行機のチケットを取るのは面倒臭いでしょう。

しかし、これは私の場合ですが、「最安値のチケットを探すゲーム」にしてしまうと途端に楽しくなります。友達と一緒に旅行するなら、どちらが安いチケットを見つけられるかの競争をしたらもっと楽しくなるでしょう。

**「今、やるべきこと」を列挙したら、ついでにそれぞれのタスクの楽しい面を書き出してみる。これで、楽しくタスクに取り組めるようになります。**

## 今、何をすべきかリストアップし、その楽しい面も書き出してみましょう。

### 今、やるべきこと

例）自宅の掃除

### 楽しい面

例）家中掃除機をかけたら脂肪が燃焼する。

第2章

# 人生の幸福度を上げる7つの行動

前の章では、幸せになるための3つの原則を説明しました。比べない、期待しない、目標を持たない。

この3つの原則だけでも、「どうすれば幸福になれるか」についての常識がかなり覆《くつがえ》されたはずです。

言ってみれば、幸せになろうとすればするほど幸せから遠ざかっていた、今までの悪いクセが矯正されたのです。

こうなってはじめて、幸せになるための努力がちゃんと効果を上げるようになるのです。つまり、ようやく具体的なノウハウに入れるというわけです。

そこで、この章では、人生の幸福度を上げることに直結する具体的な行動を7つ挙げていきましょう。

ここで紹介する行動のうちで、やってみようと思えるものはすぐに試してみましょう。やってみて、効果を体験することでさらに理解が深まるはずです。

# 行動1　信じる

## ●信じるものがあれば心が安定して、パフォーマンスが向上する

信仰は、人のパフォーマンスを向上させる。

アメリカのプロバスケットボールリーグ、ＮＢＡで活躍する選手たちを対象にした調査結果は、普通の選手とスター選手とを比較して、後者に共通する２つの性質を明らかにしています。

パフォーマンスが高いのは、信仰心が強い選手、そしてエゴが強い選手だったのです。

一見すると、両者はまったく正反対のイメージです。片や神や宗派の教えに忠実に従っている謙虚な人。他方、自分は正しい、他人の言うことなんか聞けるか、という

タイプ……と、思えます。

しかし、実は両者は「強い信念を持っている」という点で共通しています。「神を信じるか」、「自分を信じるか」が違うだけです。

**なにかを信じることは、心の安定につながります。**特に、危機を感じたとき、人は信心深くなります。自分の基盤や安全が揺らぐと、信じるものが必要になるのです。逆に言えば、なにかを信じることで人は変化や危機に強くなることができ、パフォーマンスが向上し、したがって幸福度が確実に上がる、ということです。

実際、宗教活動は、体にダメージを与える教義（たとえば現代医学の否定や苦行の義務など）がない限り、宗派にかかわらず、信仰する人の寿命を延ばすことがわかっています。

これは、ひとつには特定のルールに従って、自制心を持って暮らすことが健康につながるからでしょう。

それよりも大事なのは、心への影響です。過激な教えの新興宗教は別として、一般に宗教を信じている人は楽観的で自信に満ちています。あなたの周りの信心深い人を思い浮かべてみてください。行動の規準、善悪の判断の規準となる価値観（教義）がしっかりとあるので、疑問を感じることがなく、選択肢が少ないので余計なことは考えなくてすみます。これが心の安定につながるのです。

しかも、宗教活動は、やりがいや喜びを感じやすいものです。カルト教団でもない限り、宗教の教義は「他者への貢献」を説《と》いています。つまり、利他的行動です。

心理学では、利他的行動は利己的行動よりも幸福感を上げる、とされています。自分の欲求を満たすための行動はすぐに飽きてしまうのに対して、利他的行動には**「人のためになにかする→お返しがある→また人のためになにかする→またお返しが来る……」連鎖があるため、長期的・継続的な幸福につながりやすいのです。**

また、仲間とともに活動するので孤独を感じることもありません。人間は群れをなす生き物ですから、コミュニティに属していないと不安になり、コミュニティへの所属が幸福度を上げるのです。信仰そのものだけでなく、信仰についてくる信者同士のコミュニティも、精神の安定に役立つわけです。

こんなふうに宗教のメリットを話すと、日本人はたいていバカにします。「宗教＝怪しい」という先入観があるのでしょう。

ですが、そんな人に限って、話している間もひっきりなしにスマホでＬＩＮＥをしていたりします。コミュニティを求めている点で、宗教に入信している人となんら変わりません。しかも、実際に参加できるのは擬似的なネットコミュニティにすぎません。信仰と違って規律正しい生活・利他的行動といったメリットは伴いません。

科学的に見るなら、信仰よりもＳＮＳのほうが圧倒的に有害である、ということを覚えておきましょう。

## ●「引き寄せの法則」の活かし方／「自分が願えばかなう」実感を高めると、チャンスを逃さない

もちろん、「信じる」ことが大事だとは言っても、その対象は宗教に限りません。最初に述べたように、自分自身を強く信じているエゴの強い人も、信仰心の強い人と同じく高いパフォーマンスを上げることができたのでした。

**信じることで、パフォーマンスが上がり、その結果、幸せになれるのなら、対象はなんでもいいのです。**

こんな例はどうでしょう。

スピリチュアル業界と自己啓発業界の一部で、「引き寄せの法則」というものが唱《とな》えられています。簡単に言えば、望んだものは手に入る、考えたことは実現する、という「宇宙の法則」なのだそうです。

たとえば、起業したいと願ったら、メンターとなってくれそうな経営者に偶然出会った。新しいソファーが欲しいなと願っていたら、ちょうど友人の家にイメージどお

りのソファーがあり、「実は処分したいと思っている」と言われた。こうしたことは「引き寄せの法則」の働きだ、というわけです。

正直なところ、「願うことによって、願ったとおりのものが引き寄せられるのだ」という「法則」に科学的な根拠があると信じている人がいたら、苦笑するしかありません。

ただ、非科学的であるがゆえに「引き寄せの法則」は役に立たないかというと、そんなこともないのです。

実は、「引き寄せの法則」は、本気で信じている人にとっては、かなり有益です。

商談がうまくいく、ダイエットに成功する、好みのタイプの人との出会いがある……といった、望む結果が手に入ったとき、「引き寄せの法則」を信じている人はこんなふうに考えるでしょう。

「自分があのときに望んだから、この結果を引き寄せたんだ」と。これが大事です。

**人が努力を続け、行動を続けるために必要なのは、「自分ががんばったから、これ**

**が手に入ったんだ」という意識です。**

心理学では「自己効力感」（self－efficacy）と呼ばれるものです。

「引き寄せの法則」を信じている人は、なにかいいことがあるたびに「こうなったのは、あのとき私が願ったからだ」という形で、この実感を高めています。

こうして自己効力感が高まった人は、ますます願うようになり、求めるようになります。「自分が願えばかなう」という自信があるわけですから、当然でしょう。

するとどうなるか。

目の前に求めているもの、願っているチャンスが現れたときに見逃すことがなくなり、本当にいい結果に恵まれるようになっていきます。

## ●どれだけ信じているかで結果が変わってくるという事実

イギリスの心理学者リチャード・ワイズマンは、このメカニズムをこんなふうに説明します。「運のいい人」はなぜ道端に落ちている小銭を見つける確率が高いのか。

それは、「肩の力を抜いてまわりを見ているからだとも言える。何かチャンスが来ないかと待ちかまえているというより、偶然、出くわしたときに、しっかり気がつくのだ」（『運のいい人の法則』角川文庫）。

これと同じメカニズムが、「引き寄せの法則」で自己効力感を高めた人にも働いているということでしょう。

これに対して、「願っても無駄」「求めてもどうせ手に入らない」という信念で生きている人、つまり自己効力感の低い人はどうか。

そもそも求めることが少なくなるので、行動は不活発になり、チャンスと出会う場が減ります。また、目の前に求めているものが転がっていても、「自分にそんな幸運が訪れるわけがない」と思っていれば、見逃しがちになるのは当然です。

このように見てくると、「引き寄せの法則」が、本気で信じている人にとっては一定の効果があることはおわかりいただけるでしょう（といっても、本人たちが信じている「宇宙の法則」のとはまったく違う心理学的メカニズムによって効果が出ているのですが……）。

そして、**「信じる」ということがいかに強力か、**理解できると思います。

「どれだけ信じているか」で結果が変わってくるのであって、「なにを信じるか」は問わないのです。

いわゆる自己啓発に分類される方法論も、科学的な根拠はなくても、それを信じることで自分が望んだ姿に変われれば意味があります。脳科学や心理学がよくて、自己啓発や宗教はいけないなどということはありません。

私の場合は、自分の強みを信じて勉強をし、さまざまな努力をした結果、ここ数年でテレビでのパフォーマンス中心の仕事から、企業相手のコンサルティングやセミナー、講演、著作を中心とした活動に移行することができ、幸福度が圧倒的に高まっています。

別に、神を信じたり、スピリチュアルな理論を信奉するばかりが「信じる」ことではありません。科学的なエビデンスが欲しければ科学を信じればいいし、自分の強みを信じられるのなら、そこに信念を求めればいい。

なにか一つ、信じきれるものを持つことで、人はがんばれるようになる。これが幸福につながるのです。

## まとめ

- なにかを信じることで、人のパフォーマンスは向上する。
- 利他的行動は利己的行動よりも幸福度を上げる。
- カルト宗教などの危険なものでない限り、信じる対象は問題ではない。宗教、科学、自己啓発、自分の才能……なんでもいいから信じられるものを見つけよう。
- 「自分があのときに望んだから、この結果を引き寄せた」という自己効力感が大切。チャンスを逃すことなく、いい結果に恵まれるようになる。

# 行動1 信じる【ワーク4】

## 「信じてよかったことを認識する」エクササイズ

自分が絶対的に信じるものを意識すること。そして信じることの意味――「それを信じてよかったこと」を認識しましょう。

信じるものは神様でも、歴史上の偉人でも、ご先祖様でも、引き寄せの法則でも、なんでも大丈夫です（ただし、そう簡単に揺らがないものを選ぶこと。たとえば、現在の恋人を信じる、というのはあまりおすすめできません）。

たとえば、私が信じているのは科学です。

科学を信じてよかったと思うことは、

○子供時代の自分は腕力もなく勉強も苦手、人付き合いも苦手だったけれど、科学を信じていたから、変わることができた。
○科学の力をメンタリストとして伝えることで、一生できる仕事を手に入れた。
○科学は「世界共通語」。世界中どこに行っても、知的でおもしろい人たちと中身の濃い話ができる。友達ができる。

といったぐあいにです。

信じるものがすでにはっきりとある人は、次ページの空欄にあなたが信じているものを書き、そのあと、それを信じてよかった出来事を書き出してみてください。

信じるものと言われてもピンと来ない人は、まず、「なにかを信じたことがいい結果につながった」経験のほうから思い出してみてください。

そこから、自分が信じるものを見つけ出しましょう。

**信じるものを再認識し、信じてよかったと思える出来事を再認識する。それによって、前に進む意欲が湧《わ》いてくるのです。**

## 私が信じるものは……です。

私が信じているものは、

・

・

・

・

・

・

・

・

・

・

・

私が…………を信じてよかったと思うことは、

・

・

・

・

・

・

・

・

・

・

・

# 行動２　体を動かす

## ●「やる気があるから行動する」のではなく、「行動すると、やる気が出てくる」

幸福度を上げるための行動の２つ目は、体を動かすことです。

適度なエクササイズを生活に取り入れると効果的であることは、改めて言うまでもないでしょう。運動をしたら気分がスッキリした、体調がよくなった、という経験は誰にでもあるはずです。

また、屋外の運動で陽に当たると、精神を安定させて幸せな気分を導く脳内物質のセロトニンが増えることはすでに常識になっています。

最近では、ジョン・J・レイティ博士が『GO WILD　野生の体を取り戻せ！』（リチャード・マニングとの共著、NHK出版）の中で、人間の体が持つ本来の力を取り戻すために運動は必須であると述べています。

レイティ博士によると、運動をすると分泌されるＢＤＮＦ（脳由来神経栄養因子）と呼ばれる物質により脳の成長が促されることがわかっています。つまり、ダイエットとか体力作りといったよくいわれる効果だけでなく、認知能力や思考能力を健全な状態に保ち、幸福感を得られる健全な能力を保つためにも、運動はしなければならないのだ、というのです。


いわゆるエクササイズに限らず、家事などの作業、あるいはデスクワークであっても手を「動かす」ことは脳の働きと深く結びついていて、だからこそ幸福と直結しています。

たとえば、こんなことはないでしょうか。

「仕事でプレゼンを今日中に仕上げなければいけないけれど、どうもやる気が出ない」

「夏までに痩せたいので、週3回ジムに行くと決めた。でも、今日は気が重い」

「ぐちゃぐちゃの部屋を目の前にして、掃除をしなければとわかってはいても、動く気にならない」

などなど、やらなくてはいけないことがあるのに怠けたくなることはよくあります。

こんなとき、**やる気を出すための方法が、「動かす」（行動する）ことなのです。**

書類を作らなくてはいけないなら、とりあえずソフトを立ち上げて、表題と結論だけでも書いてみる。

ジムに行くのが面倒なら、実際に行くかどうかは別にして、とりあえずかばんにトレーニングウェアを詰めてみる。

部屋が汚すぎてとても掃除する気にならないなら、ひとまずテーブルの上だけでもきれいにしてみる。

こんなふうに、少しだけでいいので、実際に手を、体を動かしてみるのです。すると、不思議なことにやる気が湧いてきて、気がつけば仕事や掃除に集中できていたり、足取り軽くジムに向かっていたりすることがあります。

これは、体を「動かす」ことによって、「作業興奮」の状態になったからです。人間は、体を動かすと、大脳辺縁系の中にある側坐核《そくざかく》という部分が活性化し、ドーパミンというホルモンが分泌されます。ドーパミンは、簡単に言うと「やる気」を出すホルモン。

つまり、とりあえず簡単なこと、単純なことでもいいからやってみれば、やる気が出てくる。これが作業興奮の原理です。

いやなことは、まず取りかかること。**やる気のないときは、ごく簡単なことでいいから体を動かし、作業をしてみること。これがもっとも確実な「やる気を出す方法」なのです。**

## ●「フロー状態」になることが多い人ほど幸せを感じる

とりあえず体を動かすことで作業興奮が起こると、やる気が高まって集中力が増していきます。すると、やがて今やっていることに100%没頭している状態になることもあります。

この没頭状態を、ポジティブ心理学の代表的研究者の一人、ミハイ・チクセントミハイは「フロー状態」と名づけました。

集中を通り越して完全に行動にのめりこみ、自分が集中しているという意識さえない状態です。スポーツでいう「ゾーンに入った」状態も、フロー状態と同じものです。

フロー状態は、没頭のあまり「自我の消滅」が起きるとされています。

ここまで没頭すると、恐怖や不安、悲しみなどを感じることはありません。当然、やる気が出ないとか、めんどくさいといった感情とも無縁です。

同じようにやらなければいけないことがあるとして、それを仕方なく、あるいは嫌々ながらやるのと、フロー状態に入って片づけていくのとでは、どちらが幸せか、言うまでもありません。

**フロー状態にいることが多い人ほど、幸福度は高まります。そして、フロー状態に入るためには、まずは体を動かさなくては始まらない**のです。

エクササイズとして体を動かす場合については、一つ注意しておかなくてはいけないことがあります。

最初に述べたように、運動は幸福につながる習慣である、と一般には考えられていますし、経験的にもそう感じる人が多いはずです。


ただ、一方で、こんなデータもあります。

イギリスの文化・メディア・スポーツ省が4万人を対象に行ったレジャー活動に関する調査で、なんと、「スポーツジムに通っている人は不幸を感じている」という結果が出たのです。

この調査では、幸福度を年収のアップ・ダウンにたとえてわかりやすく説明しています。これによると、ダンスや水泳をやっている人は、年収が1600ポンド（約23万円）上がるのに相当する幸福を感じており、図書館に行く人は年収1359ポンド（約19万円）アップに等しい幸福を感じています。

これに対して、スポーツジムに通っている人は1318ポンド（約19万円）の年収減に相当する不幸を感じている、という結果でした。

なぜこんなことになってしまうのか。ヒントは、ジム通いと同じく不幸を感じさせるレジャーとして挙がっている楽器の習い事です。こちらは、年間1248ポンド(約16万円)の収入減に相当するとのことです。

ジム通いと楽器。この2つに共通するのは、**理想と現実のギャップをこれでもか、と見せつけられるということです。**

ジムに通い始める人は、普通、理想の体型を夢見ているものです。そして、半年間真剣にトレーニングすればその理想にたどり着けるかもしれません。しかし、そうなるまでは、理想とはほど遠い自分の体型を毎日目にしなくてはいけません。

楽器も同様です。たいていはプロやそれに準ずるプレイヤーの演奏に接して、「自分もあんなふうにかっこよく弾いてみたい」と思って習い始めるものです。

しかし、実際に練習を始めてみると、かっこよく弾くどころか、音さえまともに出せないという現実にしばらく耐えなければいけません。

このように、自分の理想と違うものを見なければならないがゆえに、ジム通いと楽器は、不幸につながってしまうわけです。

ですから、幸せになるために体を動かすときに、スポーツジムに通うという選択肢をとるなら、少し注意が必要です。

## ●「理想の体型を設定する」のではなく、「体の変化を実感する」と、ますますやる気になる

私はもう2年ほど前からスポーツジムに通っていますが、不幸を感じてはいません。むしろ、自分の体が日々変化していくことを楽しみ、幸福を感じています。

もちろん、ここにはコツがあるのです。

トレーニングを始めるとき、トレーナーからは「理想の体型を決めておくとモチベーション上がりますよ」とすすめられました。

しかし、ジム通いで不幸になるのは「理想の体型」と現実の自分のギャップのせい

であると知っていた私は、あえて理想の体型を設定しませんでした。

そうではなく、「先週より重いウェイトを上げられるようになった」「胸に少し筋肉がついた」といった、変化に注目したのです。

これは、**他人ではなく過去の自分と比較する、という第1章で述べた原則の応用です。**

理想の体型になるまで幸せを感じない目標ではなく、前回と比べるたびに、つまり毎回、幸せを感じることができる状態に自分を置くことでモチベーションを維持できたというわけです。

理想の体型を設定する、という普通のやり方をしていたら、おそらくすぐに挫折《ざせつ》していたでしょう。過去の自分と比較し、進歩を実感するという方法でモチベーションを上げたからこそ、私のジム通いは続きましたし、幸福感につながったというわけです。

まとめ

・やる気がないときこそ、とりあえず体を動かす。動くとやる気が湧いてくる。
・なにかに没頭している「フロー状態」が多い人ほど幸せになれる。
・高い理想を掲げるより、小さな日々の進歩を楽しむことでモチベーションは続く。
・とりあえず簡単なこと、単純なことでもいいからやってみれば、やる気が出てくる。
・理想と現実のギャップを見せつけられるジム通いと楽器を習うことには注意が必要。

# 行動2 体を動かす【ワーク5】

## 一番簡単なエクササイズ

体を動かすと言っても難しく考える必要はありません。基本的に好きな運動をすればいいのです。

とはいえ、あまり運動と縁がなく、好きな運動と言われても……という人もいるでしょう。

そんな人におすすめなもっとも簡単なエクササイズが、**グリーンエクササイズ**。

これは、公園など緑のある場所を5分間歩くだけです。

面倒なので時間をかけたくないという人なら、**1日3分間だけスクワット**をしましょう。たった3分ですが、これだけで、週に2回ジムに通ったのと同じ運動量になるといわれています。

わざわざ運動したくないなら、「10階までなら階段を使う」と決めてもいいでしょう。

さらに、「立つ」だけでも効果は出ます。

座り仕事をしている人なら、**60分ごとに5分だけ立ち上がってものを取りに行ったり、そこらへんを歩きまわったりするだけで、活力が回復する**のです。

15分に1回に立ち上がればさらに効果的です。これは、立ち上がることによって脚の大きな筋肉が動き、ポンプの役割を果たして全身の血行を促進するからです。

# 行動3　体験する

## ●「モノ」より「体験」にお金を使うと、幸せが持続する

幸せになるためには、お金が必要。これは間違っていません。

けれども、どれだけたくさんのお金を持っているかで幸福度が決まる、というのは間違いです。

重要なのはお金をどう使うか、お金を使ってなにを手に入れるかです。

「収入が少ない」と嘆いている人、自分の不幸をお金のせいにしている人は、たいてい収入や資産の額を他の人と比べてしまっています。

本来、年収300万円であっても、使い方を工夫すれば、年収1000万円の人よりも幸福度の高い生活を送ることが可能であるにもかかわらずです。

では、「幸せになるためのお金の使い方」とはどのようなものなのでしょうか。

ここで、幸福度を高める行動の3つ目、「体験する」が出てきます。

お金の使い道には、ものを買う、体験を買う、の大きく分けて二通りがあります。

仮に貯金を使うとして、

○ずっと欲しかったモノを買う。

○ずっとやりたかったことを体験する。

この2つでより幸せになれるのはどちらかというと、圧倒的に後者、「体験」のほうです。その理由は、ごく簡単な理屈です。

**「モノ」の価値は、買ったときに一番高く、時間の経過とともに落ちていきます。**

だからこそ、会計上も「減価償却」という仕組みが設けられています。

一方、「体験」の価値はどうでしょうか。

時間の経過とともにいやなことは忘れ、よいことばかりが思い出されるようになる

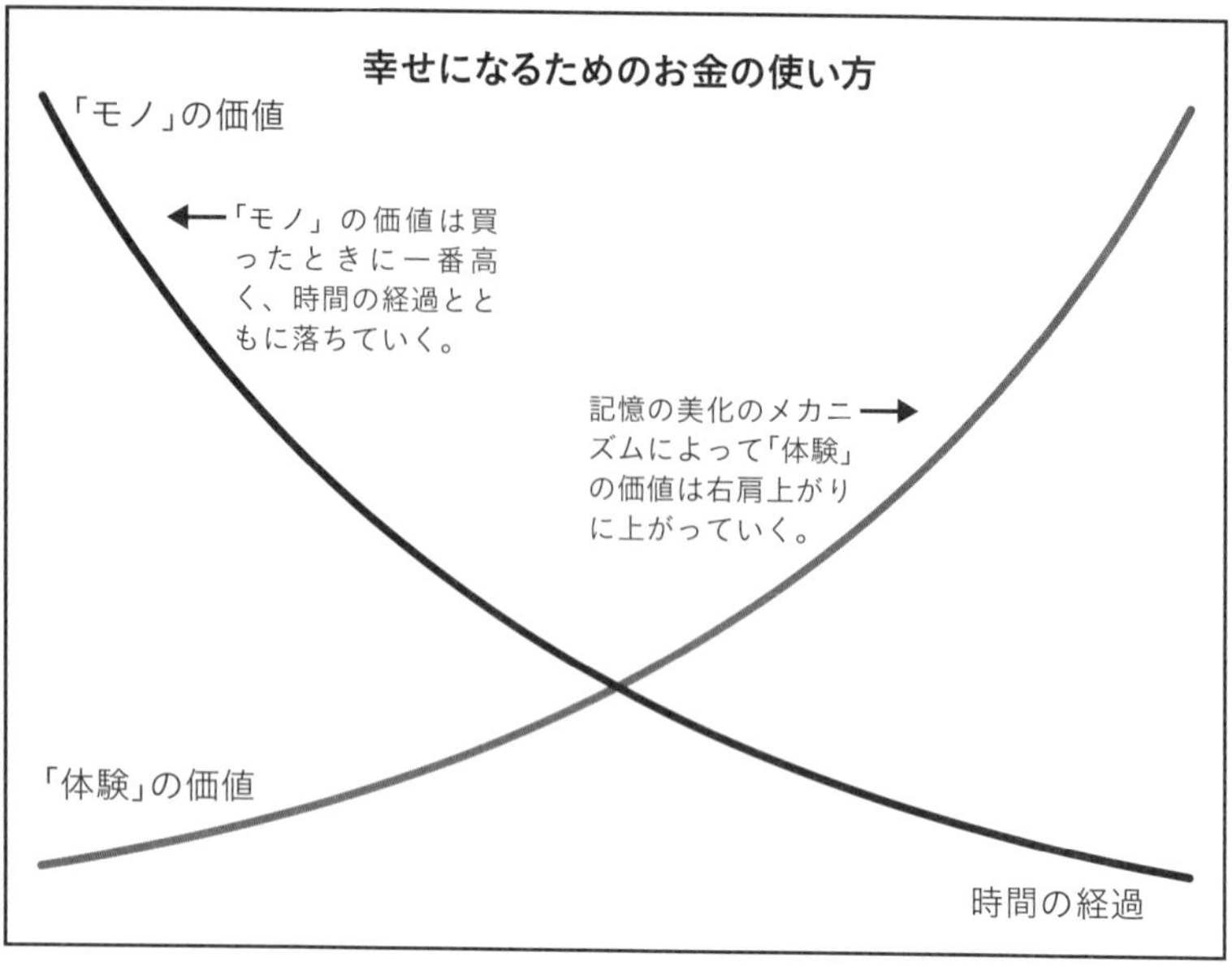


という記憶の美化のメカニズムによって、「体験」の価値は右肩上がりに上がっていきます。

だからこそ、つらい結果に終わった初恋は美しい思い出となります。大人はそれなりに大変だったはずの学生時代を思い出して「あの頃に戻りたい」と願ってしまうのです。

モノの価値は右肩下がり。体験の価値は右肩上がり、というわけです。

こう言うと、「そうとも限らないのでは」と反論したくなるかもしれません。

たとえば、「大学入学のお祝いに祖父にもらった万年筆。値段は1万円程度のものだけど、10年以上愛用した今でも価値は減っていない。それどころか、たとえ100万円もらっても手放したくない」――こんなふうに考える人は多いはずです。

たしかに、「祖父からもらった万年筆」の価値は時間とともに高まっています。

これは、祖父との思い出、勉強や仕事をがんばってきた思い出が、この万年筆に強く結びついているから。つまり、体験と結びついたモノだからです。

やはり、**時間とともに価値が高まっていくのは「モノ」ではなく、「体験」なのです。**

そうとわかれば、同じお金を使うのなら、「モノ」よりも「体験」を選ぶべきなのは明らかでしょう。値下がりするとわかっている投資先よりも、値上がりする確率の高い投資先を選ぶべき、というのと同じことです。

## ●「目的」を設定すれば、体験の価値は高まる

「モノ」よりも「体験」を重視したほうが幸福になれる。とは言っても、やたらとなんでも体験すればいいというわけではありません。

世界中を旅して回った人が必ずしも幸福になっているわけではないでしょう。

むしろ、恋愛にせよ、仕事にせよ、体験の多さや特異さを自慢気に語る人が、ぜんぜん幸せそうには見えない……ということもよくあります。

ただ体験するだけでは、幸せにはなれないのです。

では、どうすれば、幸福につながるような「いい体験」ができるのでしょうか。

ポイントは、

○知識

○目的

この2つです。

まず、知識。たとえば本を読むとき、そのジャンルに対する基礎知識がなければなにも読み取れません。極端な例を挙げると、日本語という前提知識がない人に日本語の本を読ませるようなものです。

読み解くための基礎知識が必要なのは、旅行する場合でも同じです。私は、旅行するときには旅行先の歴史、文化などを学んで頭に入れて行きます。

予備知識がなければ、現物を見てもなにかわからないからです。

たとえばイタリアに旅行するとして、道端に石柱を見かけたとしましょう。歴史の知識があれば、それが古代ローマ時代のマイルストーンの跡であることに気づけます。そして、「紀元前に敷設された『ローマ街道』が、今も生活道路として使われているのか」と感動することができるわけです。知識がなければ、「この柱はなんだろう」としか思いません。

知識がないということは、経験から得られるものが少ないということに直結します。

「経験から学べ」とは誰でも言うことですが、**経験から学ぶためには知識が必要なのです。**

世界中を回ってきたはずのバックパッカーの若者が、たいていの場合、薄っぺらなことしか言えないのは、知識を持たずに体験だけをしてきたせいでしょう。

もう一つのポイントは、目的を持つこと。

目的がないということは、自分が今なにを必要としているかがわからないということです。つまり、体験から自分がなにを抽出したらいいかもわからないことになります。

繁華街の街頭で人を待っているとき、ただなんとなく通り過ぎる人を見ているのと、「この秋冬はカーキ色が流行っていると聞いたけど、本当かどうか確かめよう」という目的を持って通行人を見ているのとでは、入ってくる情報量がまるで違います。

同じ会社で同じ業務を担当している会社員でも、起業のためにノウハウを盗みたいという目的を持っている人と、なんとなく言われたことをやっているだけの人では、成長のスピードに大きな差がつくのは当然でしょう。

ただし、ここで言う目的は、「達成されるかどうかは重要ではない」ことに注意しましょう。**大事なのは、目的があると感覚が研ぎ澄まされ、より多くの情報が入ってくるようになり、体験の価値が上がるということ。**

したがって、「達成できるだろうか」「この目的は自分にとって適切か」などと深く考えずに、とりあえずでいいので目的を設定するようにしましょう。

**まとめ**

- モノを買って満足しても、幸福感は一瞬だけ。モノの価値は買ったときに一番高く、時間の経過とともに落ちていく。
- 体験にお金を使うと、記憶のメカニズムによって継続的な幸せが手に入る。
- やみくもに体験するのではなく、事前に知識を得ておく。なんのために体験するのか、目的を明白にすると体験の価値が上がる。

# 行動3 体験する【ワーク6】

## 「モノ」と「体験」の価値を比べてみる

「体験」は割安です。

○最近買ってよかったモノ
○最近の印象的な体験

を並べて書いてみます。
96ページでそれぞれの価格を書き出していってみましょう。

そうすると、必ず「体験」は割安になるのです。

なぜなら、「体験」の価値はかけたお金に比例しません。本人の受け取り方によって決まる部分が大きい。これに対して、モノの価値には市場原理が働くので、かけたお金にある程度は比例してしまうからです。

余裕があれば、値段だけでなく、それぞれについて「買ってよかったこと」「体験してよかったこと」を書き出していくのもいいでしょう。

やってみると、「体験」のほうが圧倒的に書きやすい＝よかったことがどんどん思い浮かぶことに気づくはずです。

**「体験」のほうが圧倒的に割安でお得であることを実感できると、自然に「モノ」よりも「体験」のほうにお金を使うようになっていきます。**

## 「モノ」と「体験」の価値を比べてみる

### 最近買ってよかったモノ

・バッグ　20万円
・ノートパソコン　7万円
・スニーカー　1万5000円
・
・
・
・
・
・
・
・

### 最近の印象的な体験

・タイ旅行　15万円
・甥っ子と遊ぶ　無料
・うどんを打つ　300円
・
・
・
・
・
・
・
・

# 行動4　手放す

## ●モノを増やすと、幸福度が下がる

豊かな社会とは、選択肢が多い社会のことです。

今日はどのシャツを着ようか。ランチになにを食べよう。仕事の後は飲みに行こうか、それとも買い物にしようか……と、ごく平凡な日常生活の中でも迷うことができるのは、モノが豊かで、価値感やライフスタイルの多様性が認められている豊かな社会だからこそでしょう。

とはいえ、**選択肢が増えること自体は、必ずしも幸せにつながりません。**

**なぜなら、人生のうちで悩む時間が増えるからです。**

また、選んだ後に「これを選んでよかったのか」と悩み、場合によっては「こっちにするんじゃなかった」と後悔する時間も増えることになります。心理学で「選択のパラドックス」と呼ばれる現象です。

さらに、最近の研究によって、人間の「意志力」は有限なエネルギーであること、そして「今日はどのシャツを着るか」といったどうでもいい選択によっても、貴重な意志力が消費されてしまうことがわかってきました。

その結果、大事な仕事に取りかかるとか、ダイエットのために間食を我慢するとかいった、肝心なところで自分がコントロールできなくなってしまいます。

このように、**決定することは意志力を消費します。それだけでなく、決定を先延ばしすることによっても意志力は消費されてしまうのです。**

**これを「決定疲れ」といいます。**

幸せになるために使うべき意志力を、くだらないことで浪費してしまっているわけです（「決定疲れ」の詳しいメカニズムについては、ロイ・バウマイスター他著『WILLPOWER 意志力の科学』〔インターシフト〕参照）。

このように、心理学や神経科学の知見は、豊かさゆえに選択肢が多いことが、幸福につながらないメカニズムを明らかにしています。

それを踏まえると、幸せになるために必要な行動が見えてきます。

**多すぎる選択肢を「手放す」のです。**

生活をなるべくシンプルにして、悩む時間と後悔する時間を減らし、意志力の浪費を防ぐ必要があります。


たとえば私の場合、服はクローゼットにかけられるだけの量しか持っていません。多すぎると毎日、どれを着るかで迷うことになりますし、季節ごとの衣替えの手間もかかるからです。

たくさん服を持っていて、なかなか処分できないという人は、この先の人生で、衣替えやクリーニングにどれだけの時間とお金がかかるかを考えてみるといいでしょう。

不要な服を処分すれば、浮いた分の時間とお金を大切なものに使うことができるのです。

服に限らず、近年の私はモノを減らして生活をシンプルにすることに気を配っています。

部屋のモノをやたらと増やすと、片づけに時間がかかりますし、雑然とした環境では集中するのも難しい。余計なものは視界に入らないほうがいいのです。

## ●膨大な情報があるのに、なぜ知識が増えないのか？

現代社会であふれているのはモノだけではありません。情報も同じです。

そして、誰もが情報を簡単に手に入れられるようになったために、かえって多すぎる情報を持て余すことも多くなっています。

本来、多くの情報を得られれば、人はより賢くなれるはずでした。

「巨人の肩の上に立つ（Standing on the shoulders of giants）」という言葉があります。

12世紀フランスの哲学者、シャルトルのベルナールの言葉で、「過去の偉人の知識を手に入れることで、巨人の肩の上から世界を見下ろすかのように視野が広がる」という意味です。

『巨人の肩の上に立つ』。ギリシア神話の盲目の巨人オーリーンとその肩に付き従う奴隷。ニコラ・プッサン画。

かつては、巨人の肩によじのぼることができる人、つまり情報にアクセスできる人は限られていました。ごく一部の知識階級が情報を独占していたのです。

今は、ネットを利用すればクリック一つで膨大な情報が手に入ります。誰もが巨人の肩の上に立てるはずなのです。ところが、実際はそうではありません。

シャルトルのベルナールの時代、情報の価値はとても高いものでした。印刷技術がなく、本は一文字ずつ写すしかなかったため、本屋の小僧が写本をするうちに知識を蓄えることもありました。

それに対して、現代では情報は簡単に検索することができ、コピーすることも容易です。記憶しなくても、いつでも情報が取り出せます。その結果、現代人の記憶力は衰え、使える形で脳内に蓄えられる知識は決して増えていません。

実際、美術館や博物館を撮影しながら回った人は、ただ鑑賞した人よりも展示物についての記憶が少なかった、という研究もあります。また、「カメラ付き携帯が発明されてから、人類の記憶力が低下した」という調査結果もあります。

**現代は、情報はあっても、知識が増えない時代だということです。**

そこで大事になるのが、**やたらに情報を集めるのではなく、むしろ情報を「手放す」こと。**

具体的には、あえてアナログな手段を使ってみるのがいいでしょう。

## ●漢字を書くことと発想力はつながっている。アナログな手段を使って、新しい発想を生み出す

たとえば、私はなるべく万年筆を使って書くようにしています。

パソコンやスマホの変換機能に頼っていると漢字が書けなくなる、というのはよくいわれることです。英語圏でも、補完機能に頼って単語のスペルを忘れる人は増えているようです。

もちろん、書けないだけなら大した問題ではないでしょう。危険なのは、それが発想力とも関係していることです。

英語で言えば単語、日本語で言えば漢字はアイデアの「単位」です。

一般的な発想の仕組みというのは、簡単に言えば、この「単位」の組み合わせです。たとえば「メイク」「企業」「動画」という3つの言葉を組み合わせて、「化粧品メーカーの宣伝をネットで配信しよう」というアイデアを出す、というようにです。

発想の「単位」である単語や漢字が頭に入っていないということは、発想の素材が

少ないということを意味します。つまり、**漢字を書けなくなることは、発想力の低下と直結しているわけです。**

だからこそ、変換機能に頼らず、手書きでノートを取ったり、文章を書いたりといったことは大切です。

調べものをする場合も、アナログなやり方がおすすめです。

たしかにネットで検索すれば、圧倒的に大量の情報の中から、最短の時間で欲しい情報にアクセスすることができる——かに見えますが、実はそうではありません。

たしかに、探していたそのものずばりな情報にアクセスはできるでしょうが、その周りには広告が表示され、関連リンクもあり、こちらの集中力を削《そ》ぐ情報が大量にまとわりついています。

そうならないために、調べものをするなら、オンラインでないツールを使うこと。検索で終わらせず、必ず参考文献を買って読んでみる、あるいは調べたことをノートに手書きでまとめてみる、ということです。

紙の辞書を引く場合には、調べたいことだけでなく、その前後の項目も目に入ることで、新しい発想につながることも期待できます。

## ●ネット上の情報は「事実とは別物」と知ったうえで活用する

もちろん、ネットは役に立たないと言うつもりはありません。

大事なのは、使い方です。

最近では、「テレビはつまらない、情報はネットで得る」という人も増えました。新聞など、マスコミの権威性も薄れています。

しかし、ネットを事実を知るための情報源として頼りにするのは危険です。

素人が憶測で書いた記事や、根も葉もない噂《うわさ》が事実として拡散していることはいくらでもあります。

ネットで流通している知識は、「多くの人に支持されているから正しい」「多くの人が拡散しているから正しい」というなんとなくの思い込みに支えられています。

しかし、改めて言うまでもなく、真実は多数派にあるとは限りません。

そのことを踏まえたうえで、では、どんなときにネットが役立つのか。

それは、「世間の大多数の人はこう考える」ということを知りたいときです。

あくまで事実とは切り離すことが必要ですが、ネットで拡散されている情報を見れば、「世間の人はこう考えているのだ」「大多数の人が信じたがっている情報はこれか」とわかります。

つまり、世の中の流れを知ることができます。それを踏まえて、自分はどう考えるか、どう行動するかを検討できるわけです。

便利だからといって頼りきるのではなく、「事実とは別物」と割りきって利用する。

これが正しいネットとの付き合い方です。

## まとめ

・所有物を増やすと、選択に悩んで幸福度が下がる。
・人間の意志力は有限なエネルギーなので、無駄な消費をしない。多すぎる選択肢を手放す。
・アナログツールを積極的に使うと、知識が増え、発想力が高まる。
・ネットで手に入る情報は、「事実」ではなく「世の中の流れ」。

# 行動4 手放す【ワーク7】

## 手放すことで手に入るものは？

まだ使えるモノを手放すのはたいていの人にとっては抵抗があるはず。まして、愛着のあるモノとなると、手放すのは苦痛だと思います。

けれども、考えてみてください。

**手放すとは、手が空くこと。**

なにかを持っていると、別のなにかをつかむことはできません。

**手放すということは、新しいなにかを手に入れることなのです。**

手放すためには、この発想の転換が必要です。

そこで、「これを手放したらなにが手に入るか」を考えてみましょう。

たとえば、

「このクローゼットに入っている服を捨てたら、なにが手に入るだろう」
「積んである古雑誌を捨てて居間がスッキリしたら、どんな生活が手に入るだろう」
などと考えてみるのです。

すると、**手放すこと↓喪失**ではなく、**手放すこと↓獲得**というポジティブな考え方ができるようになります。

ちなみに、なにを手放すにしても、だいたい手に入るのがスペースです。

広く、スッキリした空間は創造力と集中力を高めます。

また、モノが減ることで、整理の手間が減って時間も手に入ります。

こうした空間や時間のゆとりがなにをもたらしてくれるのかを考えると、さらに想像が広がるでしょう。

## 手放すことで
## 手に入るものは？

**本棚でほこりをかぶっている本を手放したら？**
→新しい本をたくさん買い込んで読める。

**玄関にたくさんある靴を手放したら？**
→観葉植物を置いて気持ちのいい空間にできる。

**フィギュアのコレクションを8割手放したら？**
→残ったぶんはちゃんと手入れもできるし、
もっとかっこよくディスプレイして人に見せられる。

**SNSのアカウントを手放したら？**
→だらだらとスマホやPCを見る時間がなくなって、
心安らかに過ごすことができる。

書き出してみましょう。

・
・
・
・
・
・
・
・
・

# 行動5　習慣化する

## ●「習慣化」で迷わずに行動できるようになる

世の中には、成功や幸福といった目標を実現するのに役立つノウハウがあふれています。自己啓発本やビジネスノウハウ本はもちろん、ネットで「やる気を出す方法」といったフレーズで検索するだけでも、「こうするとうまくいく」という方法論がいくらでも手に入ります。

しかし、手に入ったノウハウを実際に試してみる人は決して多くはありませんし、継続的に実践できる人はさらに少数です。結果、本当に成果を出せる人はごく一握りになってしまう。

第1章で「ごく当たり前のことを継続した人が成功している」と言いましたが、ごく当たり前の「いいこと」を本当に継続できる人は本当に少ないのです。

では、どうすれば継続できるようになるのか。

**一番強力な方法は、習慣化です。**

毎日の運動、机の上の整理整頓、糖質控えめの食生活、人と会話するときは笑顔で、電車内ではスマホを見ずに本を読む……など、いいとはわかっていても、なかなか気が進まないことは誰にでもあるはずです。それを習慣化してしまえばいいのです。

特におもしろくもない、あるいは面倒なだけのことでも、習慣化してしまえばやらずにはいられなくなるものです。

歯磨きやトイレを流すといった行動はその典型でしょう。

だったら、やらなくてはいけないけれど気が進まないことは、習慣化してしまえばいい。面倒と思わなくなり、自動的に着手できるようにしてしまえば、特にがんばらなくても継続できるからです。

つまり、やりたくないことほど、毎日やる必要があるということです。

さらに、**習慣には「迷わずに行動できるようになる」というメリットもあります。**

前項で述べたように、「なにをしようか」という選択は人の意志力を消費します。するど、肝心なところで自己コントロールができなくなってしまうのです。

毎日の習慣を増やし、考えずに行動できる場面を増やせば、選択の負担を軽減できます。

私は習慣を作るのが好きで、最終的には生活の80%を習慣で埋めたいと思っています。そこまでやれとは言いませんが、**習慣を増やすほど貴重な意志力を節約できる、という意識は持っておくべきです。**

## ●新しい行動をラクに習慣化する方法

問題は、どうすれば習慣化することができるのか、でしょう。

習慣化すれば苦もなく継続できるとしても、習慣化するためには強い意志が必要、というのでは意味がありません。

**習慣化のコツは、すでにある習慣を利用することです。**

歯磨きやトイレを先ほど例に挙げましたが、すでに習慣化している行動は誰にでも少なからずあります。風呂に入る、玄関で靴をはく、通勤のために電車に乗る。電車に乗ったらスマホを取り出す。1日に3回食事をとる、というのだって習慣です。

これらの**すでにある習慣を、新しい習慣を実践するためのトリガーにするのです。**

たとえば、毎日筋トレをする習慣をつけたいとしましょう。

その場合は、「風呂に入る前に、必ず腕立て伏せを◯回する」と決めるのです。

すると、風呂には毎日入るわけですから、毎日の筋トレが習慣化しやすくなります。

同じように、毎日30分の読書の習慣をつけたいのなら、電車に乗る、電車に乗ったらスマホを取り出す、というすでにある習慣をトリガーに使います。

スマホに電子書籍リーダのアプリを入れればいいのです。

ついでに、スマホ内で使いたくないアプリ（ついだらだらと時間を費やしてしまうゲーム、SNSなど）はフォルダの奥にしまってしまいましょう。やめやすくなるからです。そして、空いた場所に電子書籍リーダのアプリを置くと、いっそう読書を始めやすくなります。

ほかにも、風呂あがりにはストレッチをする、寝る前にベッドに入ったら英単語を10個覚える、退社する前にはデスクの上をきれいに片づける、というように、すでに毎日（あるいは定期的に）やっていることにひもづけることで、新しい行動をラクに習慣化できるようになります。

## ●自己コントロール力や集中力を上げる瞑想の習慣を

習慣化がいかに大事か、ということは、体を鍛えるときのことを考えれば、すぐにわかります。

○10日間ぶっ続けでウェイトトレーニングをする合宿に参加する。
○週2回、1回1時間のウェイトトレーニングを半年間続ける。

筋肉をつけたいと考えたとき、後者が有効なのは言うまでもないでしょう。前者のようなやり方では効果が疑わしいばかりか、大ケガをしないか心配です。

これはごく常識的な判断だと思いますが、仕事のやり方やメンタル面の改善、といったことになると、短期でなんとかしようと思ってしまいがちなものです。

たとえば、最近は瞑想合宿が一部で流行っています。私も10日間の瞑想合宿に誘われたことがあるのですが、「携帯をとりあげられ、外部との連絡が遮断された状態で瞑想に専念する」のだそうです。

私は、話を聞いただけで、この合宿の効果に疑問を感じました。

脳科学的に見ると、瞑想は前頭葉を鍛え、自己コントロール能力や集中力を高めるトレーニングです。その意味では、ウェイトトレーニングと共通していて、鍛えるのが筋肉か、脳かの違いがあるだけです。

隔離された特殊な環境で10日間、瞑想ばかりしていれば、「変わった」という気はするでしょう。しかし、普段の生活に戻ればあっという間に元通りです。

それよりも、**忙しい日常生活の中で、毎日10分間瞑想することを習慣化したほうがいいでしょう。**

## ●瞑想のやり方——一点集中型と実況中継型

ついでに言っておくと、瞑想は決して難しくありません。

瞑想の基本は、姿勢と呼吸です。

まず、姿勢は背筋を伸ばすことで、前頭葉を働きやすくします。

呼吸はゆっくりと。1分間に4～6回がいいとされているので、1呼吸に10～15秒をかけるようにします。

これをベースにしたうえで、瞑想のやり方は大きく2つに分かれます。

まず、**一点集中型。**一つのことに意識を集中し、注意がそれたら集中しなおすことで前頭葉を鍛えます。普通は呼吸に集中して、「プリンが食べたいな」「筋トレがしたいな」などと注意がそれるたびに、意識を呼吸に戻します。

**サマタ瞑想**と呼ばれるのがこの方法です。

もう一つは、**実況中継型。**こちらは、気がそれても無理に戻すことはしません。「プリンが食べたいな」と思ったら「自分は『プリンが食べたいな』と思っているな」と頭の中で実況中継するのです。**ヴィパッサナー瞑想**といわれるのがこのタイプで、最近流行りのマインドフルネス瞑想もこちらに含まれます。

私自身は、一点集中型の瞑想をよくやっています。

最近、劇的な効果があることが立証された「慈愛の瞑想」という方法で、「私が幸せでありますように。私の苦しみがなくなりますように。私の願いがかなないますように。私が穏やかで過ごせますように」

というマントラに意識を一点集中するのです。

あからさまにスピリチュアル系の匂いがしますが、効果があることは科学的に立証されています。

このように瞑想にはいろいろなやり方がありますが、要するに集中力のコントロールをするエクササイズなので、基本さえ守ればどんな方法を選んでもかまいません。誰かに習わなくても、自分で練習すればできるようになります。

その意味でも、瞑想合宿はおすすめできません。

## ●習慣化に失敗するパターンとは？

瞑想も筋トレも、思い立ったときだけまとめてやるのではなく、習慣として続けないと効果が出ません。ダイエットもそうでしょう。

とはいえ、なにか新しいことを始めると、結果を期待したくなるのが人間です。当然、期待どおりにならないので、すぐに挫折してしまう。これが習慣化に失敗するパターンです。

ですから、**習慣化に成功するためには、最初のうちは結果を期待しない、ということも大切です。「今日もできた」「1週間継続できた」など、実行できたこと自体に達**

**成感を覚えればいいのです。**

人はどうしても目先の満足を必要とするので、達成感はすぐに抱けるようにしましょう。結果は忘れた頃についてきます。

結果を性急に求めるあまり、有益な習慣を身につけることができない人が多いのは、もしかすると現代社会のあり方と関係しているのかもしれません。

現代人は、待つことができなくなっているように思えます。

ほんの一昔前のネットのない時代なら、文書のやりとりは郵便によるほかありませんでした。だから、人は最低でも数日、場合によっては何週間も相手からのレスポンスを待つことができたのです。

それが、現代ではＬＩＮＥですぐに返信がないと「無視された」と感じるほどに忍耐力が低下しているわけです。

これでは、こつこつとよい習慣を実践して、変化が訪れるのを待つことなどできるわけがありませんし、幸福になることは難しいでしょう。

世の中がこういう風潮だからこそ、よい行動を習慣化し、変化を気長に待てるようになれば有利です。

## まとめ

・気が向かないこと、面倒なことは習慣化してしまえば自動的に実践できる。
・習慣を増やし、考えずに行動できる場面を増やすほど、貴重な意志力を節約できる。
・毎日やっていることをトリガーにして、新たな習慣を作る。
・最初の3ヶ月は結果を求めないことが習慣化のコツ。すぐに求めるのは結果ではなく達成感。
・毎日10分の瞑想習慣で、自己コントロール力や集中力を上げられる。

# 行動5 習慣化する【ワーク8】



## 習慣化したいことをダウンサイジングしてから始めてみる

「いやなこと、面倒なことほど習慣化するべき」ではあるのですが、できればやりたくないようなことを、喜んで習慣化できる人は少ないでしょう。

では、どうすれば習慣化がうまくいくのか？

答えは単純です。

**毎日続けられることから始めればいい。**

**習慣化したいことを、続けられる大きさにダウンサイジングすればいいのです。**

たとえば、行動2のワーク（84ページ参照）で紹介した3分間のスクワットを習慣化したいとします。

3分間はしんどいと感じる人は、「1分ならできるかな？」「30秒ならどうかな？」と考えてみましょう。

どんなに疲れていても、毎日続けられるラインまでダウンサイジングするのです。

その結果、「1日10秒スクワットをする」ことに決めたとします。

ここまでダウンサイジングしたものを、まずは習慣化するのです。

**習慣化に必要な時間とされている66日を目指しましょう。**

そこまで続けば、1日の時間を30秒、1分……と増やしていくことは簡単。遠からず3分間のスクワットが習慣化します。

どんなことであれ、習慣化するためにはまずダウンサイジングすることを考えましょう。

## あなたが
## 習慣化したいことは？

例）TOEIC の勉強1時間

・

・

・

・

・

・

・

・

## あなたが
## 続けられそうなことは？

例）英単語を1個覚える

・

・

・

・

・

・

・

・

・

# 行動6　変化をつける

## ●幸福感が長続きしない理由

仕事での失敗、失恋、家族との死別といった不幸な出来事と遭遇したとき、人は悲しみ、落ち込みます。けれども、こうした負の感情は時間とともに薄れていくものです。いつまでも悲しんでいてはなにもできませんから、生きるためには必要な反応です。

これは、悲しみや絶望感に限らず、**人間はすべての感情に慣れていくものです。**

つまり、とてもいいことがあって、強い幸せを感じた場合にも、その幸福感にしだいに慣れていってしまいます。やがて、幸福だと感じられたことが、当たり前になってしまいます。

新しい服を買ったばかりのときには、身につけて鏡の前に立つだけでも嬉しくて、強い満足感があるのに、すぐになにも感じなくなって新しい服が欲しくなる、というのは、人が幸福に順応してしまうからです。

とはいえ、幸福感が長続きしないままでは、本当に幸せな人生にはなりません。

そこで、幸福感を持続させるための工夫が必要になります。それが「変化をつける」ことなのです。

## ●幸せを長続きさせるサイコロの使い方

ここで言う「変化をつける」というのは、旅行に出るとか、引っ越しをするとか、仕事を変えるといった大げさなものではありません。日常生活の中でできるちょっとしたことです。

ほんのささいな変化でも、幸福感を長続きさせるには――すなわち、持続的な幸せを手に入れるためには有効なのです。

ちょっとした、というのはどのくらいのイメージなのかを理解していただくために、私が実践している方法を紹介しましょう。

私は、ときどき自分に「ご褒美」をあげることがあります。「原稿を3本書く」「エクササイズをする」といったノルマをクリアしたら本を買ってもいい、ということにするのです。

ご存知のように、私は本が好きですから、本を買えば幸せを感じます。しかし、何度も繰り返していれば幸福感は薄れ、「ご褒美に本を買える」ことが当たり前になってしまいます。

そこで私は、ご褒美の本を買うときは、サイコロを振って出た目の数だけ本を買ってもいいことにしています。

サイコロの目という偶発性を導入することで、ご褒美の本を買うときには毎回毎回変化が生まれます。**1回1回が特別な出来事になり、慣れが生じにくくなるわけです。**

この方法は、サイコロがあればすぐに実行できます。サイコロがなければ、「スマホを見たときの下一桁の数字」をサイコロの目のかわりにしてもかまいません。

また、ご褒美の設定も、たとえばサイコロの目が1ならAmazonで本を1冊買う、2なら友達とLINE10分、3だったら録画したアニメを観る……とするなど、いろいろなやり方が考えられます。

このくらいの工夫によって、日常生活の中に変化をもたらすだけで幸福感は長続きするようになるのです。

## ●小さな変化を意識すると、幸せを感じられる感度が上がる

生活に変化をつけるだけでなく、小さな変化を意識することで、幸福感の感度を上げていくことも大切です。

前項では習慣化をおすすめしましたが、毎日の習慣を継続していくことは、小さな変化を意識できるようになるトレーニングとしても意味があります。

たとえば、私が週3日のジム通いを続けられているのは、小さな変化を意識しているからです。

「前回より○キロ重いベンチプレスを上げられた」というのはわかりやすく幸福につながる変化ですし、逆に前回上がったウェイトが上がらなかったとしたら、「フォームが改善して軽いウェイトでも効かせられるようになった」と変化を意識します。

翌日に筋肉痛があれば「前回とは痛む部位が違う。これまで使っていなかった筋肉を使えた」。このように、小さな変化を意識することで幸せを実感するわけです。

ちなみに先日は、プロテインを飲むときに幸せを感じたことがありました。

といっても、いつものプロテインを、いつもどおりに水で溶いて飲んだだけです。ただし、普段と違ったのは、ボトルに水を入れてからプロテインを入れるのではなく、先にプロテインを入れてから水を注いだことです。こうしたら、ボトルのフタの裏にプロテインがつきませんでした。いつもフタの裏につくプロテインがもったいないと思っていたので、すっかりハッピーになってしまいました。

「そんなことで?」と思われるかもしれませんが、こういうささいなことに幸せを感じられる感性があれば、日常生活に「変化をつける」ことの効果も倍増するのです。

## まとめ

・人は感情に慣れるようにできている。幸福はいずれ「当たり前」になってしまう。
・日常生活に変化が起きる仕掛けを作る。
・ささいな変化に幸福を感じられるように意識する。

# 行動6 変化をつける【ワーク9】

## 「なぜだろう?」「ちょっと待てよ」「ということは…」エクササイズ

変化をつけるためには、当たり前の行動をやめること。

そのためには、「当たり前」の行動をやめましょう。

ここでは、いつもどおりの行動を導いてしまう、当たり前の思考過程に中断を入れるメソッドとして、私が予防医学研究者の石川善樹さんから教わった方法を紹介します。

やり方は簡単。**「なぜだろう?」「ちょっと待てよ」「ということは…」の3つの言**

**葉を思考の合間に差し込むだけです。**

常識とされている考え方に出会ったら、「なぜだろう?」と疑問を持って、その根拠を考えてみる。根拠が明らかになったら、それを鵜呑《うの》みにせず、「ちょっと待てよ」と別の考え方がないか模索してみる。自分なりの考え方が見つかったら、「ということは…」で変化をつけた行動方針を導く。

具体的にどう考えを展開するかは、次ページで私自身の例を紹介しておきます。

必ずしも、厳密にこの形式に従う必要はありません。

ものを考えるとき、「なぜだろう?」「ちょっと待てよ」「ということは…」の3つの言葉を意識しておくだけでも、変化を感じられるはずです。

## 当たり前の思考を変える「なぜだろう?」「ちょっと待てよ」「ということは…」エクササイズ

**常識**

仕事で成功するためには、
テレビに出演し続けることが大事。

↓

**「なぜだろう?」**

↓

**常識の根拠**

テレビに出るからこそ認知度が上がって他の仕事も入る。
出演しなくなると、「過去の人」と見られてしまう。

↓

**「ちょっと待てよ」**

↓

**別の考え方**

アピールするためのメディアはテレビでなければいけないのか?
テレビを見る人はどんどん減って、
ネットから情報を得る人はどんどん増えているのに。

↓

**「ということは…」**

↓

**変化をつけた行動指針**

ネット媒体、
特に自分がメインターゲットとする層のユーザーが多い
ニコニコ生放送で動画を配信しよう。

# 行動7 確かめる

## ●自分の人生でうまくいったことを「確かめる」

「ポジティブ心理学の父」と呼ばれるアメリカの心理学者、マーティン・セリグマン教授は、こう言っています。

「人はたいてい、自分の人生でうまくいかないことについて考えすぎ、うまくいくことについてはあまり考えない」

「ネガティブな出来事に注意を向けることで、不安や抑うつを招くきっかけを作ってしまう。このようなことにならないようにする一つの方法は、うまくいったことについて考え、その出来事をじっくりと味わう達人になることだ」

（『ポジティブ心理学の挑戦』ディスカヴァー・トゥエンティワン）

この本ではここまで、幸福感を得る行動、それを持続しやすくする方法について述べてきました。しかし、いくら幸福を感じても、それ以上に悪い出来事に意識を向けてしまうのでは、幸福にはなれません。セリグマン教授の言うように、それは不安や抑うつといった不幸につながります。

そこで大事なのが、**幸福な出来事、そこで得た幸福感を「確かめる」こと。**せっかく幸せを感じたなら、それを再確認することで、さらに幸福度を高める。加えて、よりいっそう幸福に意識が向かうようにして、さらに幸福を感じやすくするのです。

## ●寝る前の10分で幸せになる方法

幸福を「確かめる」方法としては、前出のセリグマン教授が効果的なエクササイズを考案しています。

やり方は簡単。一日の最後、**寝る前に、その日に起こった「よかったこと」を3つ書き出すのです。**

寝る前にパソコンやスマホの画面を見るのは睡眠の質を下げるので、紙に手書きがいいでしょう。第1章で見た、手帳に書く日記としてこのエクササイズを行ってもかまいません。

ここに書き出すよかったことは、もちろん小さな幸せで大丈夫です。

「昼に食べたお弁当の、付け合せのポテトサラダが意外においしかった」
「急ぎの仕事に対応してあげたら部長に感謝された」
「朝、電車で座れた」
「昨日あれだけ飲んだのに二日酔いじゃない」

……などなど。

大事なのは、必ず3項目書くこと。一つではなく、3つ書かなくてはならないとなると、自然と幸せの細かいバリエーションに考えが及ぶようになります。そうして多彩な幸せを意識できるようになると、幸福に対するセンサーがまた発達するわけです。

もう一つのポイントは、寝る前にやるということ。翌日の朝では効果が半減です。眠る直前の記憶が脳に定着しやすいことがわかっています。睡眠前に今日の「よかったこと」を振り返り、幸福感を再確認し、幸せな記憶を残すこと。これが持続的な幸福につながるわけです。

**まとめ**

- **人は放っておくと、幸福な出来事よりも不幸な出来事に意識を向けてしまう。**
- **幸福な出来事、そこで得た幸福感を「確かめる」ことで、さらに幸福を感じやすくなる。**
- **一日の終わりに「よかったこと」を書き出す。幸せを意識すると、ますます幸せになる。**

行動7 確かめる【ワーク10】

## 不安を取り除く強力版・寝る前エクササイズ

不安や抑うつに対処するには、本文で紹介したように、寝る前に「よかったこと」を3つ書き出す方法で基本的には十分だと思います。

ただ、ときにはどうしても不安が強くなってしまうこともあるでしょう。そんなときに効く、より強力な寝る前エクササイズを2つ紹介しておきます。

一つ目は、こんなやり方です。

今抱えている問題や悩みについて、**「とりあえずの解決策」を紙に書き出します。**

こじつけでも思いつきでもかまいません。とにかく「これをやったら解決しそうだな」ということを3個書き出してください。

書けたら、その紙を折りたたみ、枕の下に入れて眠る。すると、睡眠の質は改善します。

まるでおまじないのようですが、この方法にはちゃんと脳科学的な裏付けがあります。人間の脳は解決されていない問題を寝ている間もずっと考えてしまう性質があるので、「とりあえずの解決策」を与えることで頭から悩みを取り除くことができるのです。だからよく眠れるわけです。

もう一つの方法は、**不安な感情を紙に書き出すこと。**

1〜3分間でも効果がありますが、できれば10分くらい書き続けるとより効果的です。これだけで、やはりぐっすりと眠れるようになります。

人間の不安は、脳内の大脳辺縁系、扁桃体《へんとうたい》といった本能的に恐怖を感じる場所に生じます。不安は本能的な感情なのです。

ところが、不安を紙に書き出し、それを読むとなると、理性を働かせなくてはいけません。そこで、前頭葉が起動することになります。前頭葉は感情のコントロールを司《つかさど》る部位です。それが働くことによって、不安な感情を処理できるようになるわけです。

**感情は外に出せばコントロールできるようになる、**ということを覚えておきましょう。

## 今抱えている問題や悩みについて「とりあえずの解決策」は？

「これをやったら解決しそうだな」ということを
3つ書き出してください。

・

・

・

## あなたの
## 不安な感情は?

不安な感情を書き出してみましょう。

・

・

・

・

・

・

・

・

・

・

・

# 第3章

# 幸せになる人間関係を作る5つの姿勢

第1章と第2章では、幸せになるためにはどうすればいいのかを、基本原則の説明↓具体的な行動の提案という順で見てきました。登場したノウハウの中から、実践しやすいものをすでに試してみた人もいるでしょう。それだけで、すでに幸福を感じやすくなっているはずです。

ここまで述べてきたのは、どちらかと言えば個人としての姿勢、一人でできる行動が中心でした。この章では、他人との関わりについて見ていきます。幸福を左右する重要な要素である人間関係において、どんな姿勢をとるべきか、ということです。

一般に、家族や友人と一緒にいる時間が長い人は、幸福度が高くなります。

これは私たちの経験則にも合致しますし、心理学的にも正しいとされている原則です。ただし、当然ながら、誰でもいいからそばにいればいいというものではありません。また、お互いの関係性においても、「幸福度を上げる関係」と「そうでない関係」があるのです。

幸福度を上げる人間関係を作るために必要な姿勢とはなんなのか、5つのポイントをこの章では説明しましょう。

# 姿勢1 選ぶ

## ●人生のゴールから考えて、付き合う人を選ぶ

『嫌われる勇気』（岸見一郎他著、ダイヤモンド社）がベストセラーになり、日本でもすっかり有名になったアルフレッド・アドラー。アドラーの心理学では、「すべての悩みは人間関係によるもの」だとされています。

実際、人間関係に悩んだことがない人はいないと言っていいくらい、そこには悩みがつきものです。それでも、誰もが人間関係を切り捨てることができないのは、「幸せになるためには、友人や恋人の存在が不可欠」だと考えるからでしょう。たしかに人間関係は大切です。

それはいいのですが、問題は「人間関係の大切さ」の意味を取り違えること。

「ネットワークを広げ、多くの人と親しくなれば幸せになれる」という考えは、決して幸せにはつながりません。

あなたの周りには、「人付き合いは大切だ」「人脈を築かなければ」と考えて、さまざまな交流会やパーティーにせっせと出席している人がいないでしょうか。

こういう「努力」には意味はありません。

やみくもにたくさんの人に会って、名刺を交換したところで、そのうち何人が自分のことを覚えていてくれるでしょうか。

人脈とは「誰を知っているか」ではなく、自分が「誰に知られているか」のことです。交流会で名刺をいくら交換しても、人脈はできません。

これに限らず、人間関係はなにも考えずに広げようとするだけだと時間と労力の無駄になってしまいます。

そこで大事なのが、**まずは人生のゴールを考えること。**

自分の人生のゴールがわかっていれば、ある行動をするかしないかの判断が容易です。「この行動によって、ゴールに近づくことができるか？」と考えればいいのですから。

人間関係についても、「その交流会に行くことで自分のゴールに近づけるか？」「この飲み会の誘いを受けるほうがゴールに近づくのか、それとも？」というように考えればいいわけです。

私について言えば、人生のゴールは「知識の最大化」です。

たとえば「今晩、飲みに行きませんか？」と誘われたときにも、それが知識の最大化というゴールにつながるかどうかを考えて返事をするようにするわけです。

**自分の人生のゴールを知り、付き合う人を選別することができれば、自然といい人間関係ができていきます。**

反対に、ゴールを持っていない人はどうなるでしょうか。

せっかくのいい出会いがあっても、スルーしてしまいます。

これは、「運が悪い」と思っている人は道に落ちているコインを見つけられる確率が低いのと同じこと。人生を変えてくれるような幸運な出会いを見逃し、つまらない生き方をしている人とつながってしまうことになります。

## ●いい出会いを増やすためにできること

もちろん、ただいい出会いを待つだけではなかなか人生のゴールに近づきません。では、ゴールにつながるような人間関係はどうすれば作れるのか。あるいは、いい出会いを増やすためにどんな努力ができるでしょうか。

当然ながら、こちらが先方に会いたいと願っても、先方がそう思わなければ会うことはできません。

「起業に向けて、メンターとなってくれそうなあの社長に会いたい」と思っても、その社長が会いたいと思ってくれなくてはどうしようもないわけです。

そこで、会いたい人と会うためには、自分の魅力をアップしておくことが必要です。「会いたい」と思われる自分になるのです。

そのためにも、第1章で述べたように、自分の独自性を作り上げなくてはいけないわけです。

自分に「会いたい」と思わせる魅力がないのに、そして「会いたい」と思われる努力もしていないのに、いい出会いを求めるのは無理でしょう。

それでも向こうから寄ってくるような人は、だいたいろくなものではありません。気がつくと、あやしいビジネスがらみのホームパーティーに出席している羽目になるわけです。

## ●結婚は人生を投じる長期投資／価値が上がる結婚を

一般に、家族や友人と一緒にいる時間が長い人は幸福度が高くなるという法則をこの章の冒頭で紹介しました。

もう一つ、人間関係については、心理学的に根拠が示されている法則があります。

それは、結婚すると幸福度は上がるということです。

いわゆる「成功した結婚」だけでなく、そうは言えない結婚でさえ幸福度は上がるとされているのです。

とはいえ、どうせなら、結婚によって得られる幸せは大きいに越したことはありません。そこで、相手をどう「選ぶ」かが問題になってきます。

たいていの人が結婚相手を選ぶときに見過ごしがちなのは、**「結婚は人生を投じる長期投資である」**ということ。

「結婚してよかったか、悪かったか」という結果が出るのは10年単位のことなのに、まるでデイトレードのように相手の良し悪し、結婚の成否を判断してしまいがちなのです。

**結婚相手は、長期保有する株と同じように考えて、「10年たったときに結婚生活の価値が高まるかどうか」を基準に考えなくてはなりません。**

たとえば、テレビの仕事をすると、多くの芸能人やモデルの女性と接します。けれども、私は彼女たちの結婚相手としての価値が高いとは思いません。

単に容姿が美しいだけでは、長期的に価値が下がっていくのは明白だからです。

これはごく当たり前の判断だと思いますが、世の中には若さと容姿の美しさで結婚相手を選ぶ男性が多いのは不思議です。

それと比べると、女性が結婚相手の男性に経済力を求めるのは合理的です。通常は10年、20年とたつうちに経済力は上がるからです。

つまり、経済力のある男性と、若く美しい女性の結婚は、女性にとっては有利な投資なのですが、男性にとっては時間の経過とともに資産が目減りしていく一方の投資ということになります。

こうしたミスマッチがあると、結婚から得られる幸せは、どうしても少なくなってしまうでしょう。

そうならないためにも、改めて**結婚は「長期投資」である、ということを確認しましょう。そして、男性は結婚相手を選ぶ際のポイントを長期投資すればするほど上がるものに変える。女性も長期的に価値が下がらないセールスポイントを伸ばすようにするのです。**

たとえば、女性が料理の腕を磨くことの有効性はよく知られているところです。いわゆる「男性の胃袋をつかむ」というやつです。

一緒に暮らすとおいしい料理が食べられるというのは、大きなセールスポイントとなりますし、自分のために食事を用意してくれる人を誰でも好きになるもの。また、容姿と違って料理の腕は長期的に向上していきます。

ところで、「おふくろの味」は何年食べても飽きがこないのには理由があります。女性は性周期で味覚が変わるので、同じように料理しているつもりでも、毎回味付けが微妙に変わるのです。だから、食べるほうはいつまでたっても飽きないのでしょう。

この点からも、長期的な幸福を得るための戦略として、料理の腕を磨くことを女性におすすめします。

## まとめ

・人間関係はなにも考えずに広げようとすると、時間と労力の無駄になる。
・人生のゴールを考えること。
・いい出会いを求めるなら、あなたが「会いたい」と思われる人になること。努力しなくても寄ってくる人には要注意。
・結婚は長期投資。10年後、結婚生活の価値が高まっているかどうかを基準に相手を選ぶ。

# 姿勢1　選ぶ【ワーク11】

## 「選ぶ」能力を高めるためのエクササイズ

付き合う人の選択に限らず、多くの人はすべてのものをなんとなく選んでいます。

昼食のメニュー、電車で乗り込む車両、コンビニで買ったのど飴《あめ》、明日はいていく靴……などなど、ちゃんと根拠を持って選んでいるという人は多くないでしょう。

「選ぶ」能力を高めるためには、この「なんとなく」をやめること。

常に根拠を持って選択するようにするエクササイズを日頃からすることです。

私自身の経験でいうと、学生時代には駅で通る改札機を決めていました。

改札口で人の流れを観察し、どのゲートが一番空いているかを見極めたうえで、もっともスムーズに通過できる改札機を選んだのです。

このように、**日常の中で根拠を持って選択をするクセをつけておくと、選択する力が高まっていきます。**

また、根拠を持って選択をすれば、以後は迷わなくなるというメリットもあります。日常生活のささいなことで迷わなくなれば、そのぶん、重要なことをじっくり考えられるわけです。

さっそく、次ページの手順に従って「根拠ある選択」を試してみてください。

## 「根拠ある選択」エクササイズ

**Step1**

あなたが普段、「なんとなく」
選択していることはどんなことでしょうか？

・

・

・

・

**Step2**

1で答えたことについて、じっくり観察します。
「なんとなく」ではなく、
何らかの判断基準を見つけましょう。

・

・

・

・

**Step3**

2で見つけた判断基準＝根拠に基づいて、
選択します。この選択に不満や
不都合を感じるようなら、
また Step2に戻って観察をやり直します。

・

・

・

・

# 姿勢2 干渉しない

## ●他人に行動を強制するのは逆効果

幸せになるために、人間関係で決してやってはいけないことが一つあります。
それは干渉すること。
**幸福につながる人間関係を築きたければ、「干渉しない」が正解なのです。**
スタンフォード大のジョナサン・フリードマンが行った、こんな実験があります。

A群：「おもちゃで遊んではいけない。もし遊んだら、罰を与える」と強く注意した子供。
B群：「おもちゃで遊ばないように」と軽く注意しただけの子供。

この2つのグループの子供を、おもちゃのある部屋に入れます。外からこっそり観察すると、言いつけを破った子供の割合はAとBで同じでした。

ところが6週間後、再び子供をおもちゃのある部屋に入れて、今度は遊んでもいいと伝えたところ、B群でおもちゃで遊んだ子供は33%だったのに対し、なんとA群の77%がおもちゃで遊んだのです。

この実験では、A群に強く注意したために、かえって興味をそそられた子供が増えています。「あれほど強く『遊んではいけない』と言われたのは、おもちゃがものすごくおもしろいからだろう」と考えたのです。それに対し、軽く注意されたB群の子供は、「それほどたいしたおもちゃではないだろう」と考えたわけです。

この皮肉な結果を見ると、人をコントロールすることがいかに難しいかがわかります。

ようするに、他人をコントロールするには（よほどの知識やテクニックがない限り）不可能。できたとしても、いつもうまくいくとは限らない。一言で言えば、ギャンブルのようなものです。

つまり、**他人に干渉することは、まず割にあわない努力であるということ。**

それに比べれば、自分をコントロールするほうがずっと簡単で効果的なのです。

## ●他人に期待するよりも、自分の行動を変えればストレスは減る

他人にやたらと干渉したくなるのは、自分に自信がない表れです。

干渉することによって、相手を自分に依存させ、自分が必要だと思わせたいのです。

こういう人は、相手が離れていきそうになると、必死で相手にしがみついてしまいます。つまり、ますます干渉を強めるわけです。そうなってしまったら、相手はさらに離れていきます。

そのときに本当にしなければならないことは、相手にしがみつくことではなく、「自分の態度がこのままでいいのか」を考えることです。

たとえば、手料理を食べたいのに、妻が作ってくれない。そんな不満を持っている

夫は、奥さんに干渉して料理をさせようとするのではなく、自分で料理をすればいいのです。

今は初心者でもおいしく料理できるレシピは簡単に検索できますし、料理を自分のスキルにプラスできます。そして、夫が料理上手になれば、奥さんもやる気が出て料理をするようになるかもしれません。どう転んでもプラスになります。

同様に、ボーイフレンドにもっとしっかりしてほしいと望む女性なら、まずは自分がしっかりすればいい。

**他人に期待し、干渉して浪費するエネルギーがあるなら、自分が努力をすればいいのです。**

干渉好きな人の根底には、「自分が努力していないのを否定したい」という気持ちがあるわけです。

以前は私も、テレビ番組の収録の段取りが悪いとスタッフによく文句を言ったものです。しかし、相手の落ち度や欠点を指摘してもなにもいいことはありません。

指摘された相手は自分が否定されたように感じ、態度を硬化させるだけ。状況の改善や問題解決にはつながりません。

そこで、テレビの仕事以外の仕事も増やす、収入のメインになる事業を替えるという自分の行動によって、ストレスはなくなったわけです。

## ●相談や謙遜を真に受けてはいけない

干渉しない、という原則は、たとえ人から相談を受けた場合、愚痴《ぐち》をこぼされた場合などでも同じです。

「わざわざ私に話してくれるのだから、真剣に考えていいアドバイスをしなくては」などと思うのは禁物です。

なぜなら、悩みを相談してくる人はアドバイスなんて求めてはいないからです。

たとえば、「新婚なのに、奥さんが冷たい」と愚痴ってくる同僚がいるとします。

このくらいわかりやすい例なら、「これはのろけの一種だな」と気づくことができますし、「なんだかんだ言っても幸せそうだね」とうまく着地することができるでしょう。

間違っても、「それはコミュニケーションが足りないから」とか「ちゃんと言うべきことは言わないと」などと助言をしたら――干渉したら、相手はいやがるはずです。

基本的に、愚痴や相談の動機は、聞き手が自分に注意を向け、肯定してくれること。「こうすべきだ」「あなたのここがいけない」などと否定されることを求めている人はまずいません。

一見すると助言を与えているように見える占い師は、相談者に「あなたの悩みや苦しみは、よくわかります」と言っているだけです。これも肯定の一つです。だから、有史以来同じようなことを言っていても占い師は職業として成り立つわけです。

さらに、「もう年だから」「太っているから」「まだまだ未熟者で」といった自己否定にも要注意です。「そうですね」と答えたら反発されて不快な思いをするだけです。

自己否定や謙遜は、相手が「そんなことはない」と言ってくれるのを前提にしていることを忘れないようにしましょう。

**まとめ**

- 他人に干渉することは割にあわない努力と知る。
- 幸福につながる人間関係を築きたければ「干渉しない」。
- 相手を否定してもなにもいいことはない。
- 他人に期待するより、自分が努力すればいい。

姿勢2 干渉しない【ワーク12】



## 他人に原因を求めない「自分事化」エクササイズ

干渉してしまう人、相手をコントロールしようとしてしまう人は、

「彼女がこうしてくれればうまくいくのに」

「もっと優秀な部下なら仕事がしやすいのに」

といった、他人に原因を求める思考をしています。

要するに、問題を他人事にしてしまっているのです。

ですから、干渉しないためには、問題を「自分事」にして、自分でコントロールできる範囲を広げていくことです。

たとえば、「Aさんが仕事ができなくて、自分の仕事が増えて困る」と考えてしま

っているとしたら、Aさんに原因を求める他人事思考をやめ、問題を自分で解決する方法を考えるのです。

自分の仕事の効率を上げる、あるいはその仕事をうまくやってくれそうなBさんにお願いする、などです（適切に他人に依頼したり指示したりするのも「自分で解決する」に含まれることに注意してください）。

**この「自分事化」は、幸福度の向上に直結します。**

**人の幸福度は人生をどのくらい自分でコントロールできているかに比例しているからです。**

ちなみに、自分でコントロールできている、というのは主観でかまいません。

そう思えるだけで幸福度は高まるのです。

## 他人に原因を求めない
## 「自分事化」エクササイズ

**Step1**

今、あなたが困っていること、解決しなければいけない問題を書き出してみてください。

・

・

・

・

**Step2**

書き出した問題のうち、
他人に原因があると思われるものはどれですか？
また、原因となっているのは誰ですか？

・

・

・

・

**Step3**

2で選んだ問題を自分で解決するとしたら、
どんな方法が考えられるでしょうか？

・

・

・

・

# 姿勢3 与える

## ●与えることによって、自分の幸福度が上がる

第1章では、信仰が幸福につながる理由として、たいていの宗教が教義の中で利他的な行為をすすめていることを挙げました。利己的行動ではなく、利他的行動こそが幸福感を高めることはすでに心理学においても常識となっています。

そこで、人間関係における基本姿勢の一つとして、改めてここで利他的な行動をおすすめしておきたいと思います。すなわち、「与える」ことです。ちょっとした親切を習慣にすると、幸福度は上がります。

ちょっとした親切というのは、たとえばバスで立っているつらそうなおばあさんに席を譲るようなことです。職場で同僚の仕事に手を貸すとか、友人にちょっとした贈

り物をする、といったことも積極的にやっていきましょう。

なかでも効果的なのは、**「時間」や「手間」を与えることです。**特に女性は、「自分のために手間暇をかけてくれた」ということに喜ぶ傾向があります。大多数の女性にとっては、高価なプレゼントよりもはるかに効果的なのです。

## ●知識は出し惜しみせずに教える

モノやお金、時間や手間に加えて、「知識」も人に与えることができます。

私は、持っている知識を必要とする人がいれば、すぐに与えるようにしています。

これまでの活動を見ていただければわかると思いますが、私は専門分野であるメンタリズムについても、普通は秘密にするべき舞台裏も含めてどんどん情報を公開しています。また、近年では自分が学んだ知識を、コンサルティングや講演などの形でクライアントに伝えることを仕事にしています。

さらに、約1年間放送しているニコニコ動画の私のチャンネルでは、企業向けの公演やセミナーレベルの話を月に540円という圧倒的低価格で提供しています。

その甲斐あって、2015年末時点で有料チャンネルトップ30入りしました。

このように、どんどん知識を与えるのが私の仕事なのです。

そんな私に対して、「そこまで教えてもいいのですか？」「手の内を明かしてしまって大丈夫ですか？」と聞いてくる人がいます。こういう人は、知識は与えれば減るもののように思っているのでしょう。それは間違いです。

**お金と違って、知識は与えても減りません。**

**それどころか、使えば使うほど広がり、深まっていくのです。**

その理由は、簡単に言えばアウトプットによって記憶が定着するからです。

インプットした知識を人に説明したり、文章化したりすると、最初のうちはあいまいな言い方しかできなかったり、固有名詞が出てこなかったりします。そこで改めて知識を確認しておくと、次の機会にはよりよい説明ができるようになる。こうして**アウトプットを繰り返していくと、知識はいつでも使える形で定着します。**

単に本を読んだだけでは時間がたつうちに忘れてしまう情報が、人に「与える」ことで確実に定着していくのです。

## ●利他的な夫婦関係で「3年の壁」を乗り越える

恋人や夫婦関係でも、「与える」ことによって関係が長続きするようになります。
一般に、どんなに仲のいいカップルでも、「3年の壁」を越えて関係を持続させていくのは難しいとされています。

これについては、脳内に分泌されるPEA（フェニルエチルアミン）という恋愛に深く関係している神経伝達物質が、時間とともに分泌されなくなるからであるとか、女性が子供を産むと、男性側は新しい女性に子供を産ませたほうが自分の遺伝子が広まるからだとかいった説明がなされています。

それはともかく、**「3年の壁」を越えるためには、一緒にいることが相手にとってのメリットになればいいわけです。そのためには、恋人や結婚相手にないものを自分**

**が持っていて、それを与えること。**

ようするに、結婚によって自分が幸せになろうと考えるのではなく、利他的になって相手を幸せにしようと考えると、いい関係を長続きさせることができる、ということです。

さらに、夫婦関係について、次のようなことも覚えておくといいでしょう。

アメリカのラトガース大学での研究によると、結婚生活での夫の幸福度は妻の幸福度に左右されます。

つまり、妻が幸せでなくては、夫は幸せになれないのです。

これは、結婚生活に満足している妻は、そのぶん夫のために献身的に行動するからだろうと考えられます。

他方、妻の幸福度は夫の幸福度には左右されません。決定的に大事なのは、妻の幸福度だということです。

このことから、結婚生活においては、夫の「与える」姿勢が大事だということがわかります。奥さんが幸せになるように行動すれば、自分の幸福度も上がるのです。

## まとめ

- 人間関係における基本姿勢の一つが「与える」こと。
- ちょっとした親切を習慣にすると幸福度が上がる。
- 知識はいくら与えても減らない。それどころか使えば使うほど広がり、深まっていく。
- 自分が幸せになるのではなく、相手を幸せにしようと考えるとカップルの関係は長持ちする。特に夫婦関係では、夫の「与える」姿勢が妻の幸福度を決定的に左右する。

# 姿勢3 与える【ワーク13】

## 「与える=得る」エクササイズ

なにかを人に与える、と考えるとき、普通は「相手が欲しいものはなにか？」にフォーカスします。それはいいのですが、相手の要望に応えることだけを考えていると、じきにつらくなってしまいます。

そうならないために大事なのは、**「与える」ときに自分の強み、嗜好《しこう》を活かすこと。**

たとえば、お菓子作りが好きで得意な人なら、マカロンを焼いて職場の甘いもの好きな人に配る、というのはそのいい例でしょう。

もらったほうがうれしいのは当然ですが、与えたほうもマカロンを作っている時間は好きなことに没頭している、まさにフロー状態（第2章　行動2　77ページ参照）。

人間の幸福度はフロー状態の時間と比例しますから、「与える」ことが幸福を「得る」ことでもあるわけです。

与えれば与えるほど自分も幸福になり、しかも相手からは感謝され、いずれお返しがあります。

強みや嗜好を活かして与えることは、幸福に直結するのです。

## 「与える」ことが幸福を「得る」

**Q1**

あなたがフロー状態に入れるくらい夢中になれることはなんでしょうか？

**Q2**

あなたの家族、友人、仕事仲間などにしてあげたら喜びそうなことはなんでしょうか？

**Q3**

1、2が重なり合うのは、どんなことでしょうか。

# 姿勢4 強みを活かす

## ●競争相手のいない自分だけのブルーオーシャンを探す

第1章では、他人と自分を比較すると幸福度が下がること、それよりも自分にしかできないことを見つけるほうが幸福度は高まるという話をしました。

この原則を人間関係に適用すると、「強みを活かす」ということになります。

これは、**周りにいる人と同じ土俵で戦うのはやめる**ということです。

たとえば、パソコンの調子が悪くなったときにちょっとした修理ができる人は、部署の中に一人いれば十分でしょう。誰かがやってくれるなら、自分は同じことができなくてもいい。かわりに、自分が得意なことで役に立てばいいのです。

むしろ、得意なものが同じ人が複数いると、競争が生じます。同じチームの中で競争をしても、緊張が生じるだけでいいことはありません。まして、友達同士で張り合うなど馬鹿げたことです。

**とっとと競争からは降りて、競争相手のいない自分の得意分野を見つけるべきです。**

ビジネスの世界では、競争の激しい既存市場はレッドオーシャンと呼ばれます。文字どおり、血で血を洗う競争が繰り広げられる赤い海です。これに対して、競合相手のいない市場はブルーオーシャンです。

自分だけのブルーオーシャンを見つければ、競争で血を流すことなく一番になれるわけです。

また、「周囲の競争相手よりも自分を大きく見せなくては」といった意識からも解放されます。それによって、人間関係が円滑になるわけです。

## ●自分が一番得意なジャンルで「枠」を設定する

私が、自分の強みを活かせる分野としてメンタリストを選んだことは第1章で述べたとおりです。

そして、私はメンタリストとして名を知られるようになりました。テレビでよくパフォーマンスをしていた頃には、街を歩けばサインを求められたりしました。

大学時代は地下の実験室にこもって実験をしているような生活を送っていたのが、一気に脚光を浴びる状況になったわけです。

しかし、私はこの道で生きていく気はありませんでした。自分にはタレント性がないことがわかっていたからです。ステージに立って観客に向かってしゃべることはできますが、ショービジネスの世界でプロになれるレベルではありません。

同時に、その当時はテレビに出る仕事が多かったとはいえ、いわゆる芸能人と張り合う必要がないこともわかっていました。

私は芸人やテレビタレントにはなれないかわり、「知識を伝えながらのデモンストレーション」という枠には向いている。そして、この分野には競争相手がいないからです。

仮に、音楽の道を選んでメジャーになろうとしたら、競争相手が山のようにいる超レッドオーシャンです。俳優でも、お笑い芸人でもそうでしょう。

私が選んだメンタリストというジャンルには、競争相手がいませんでした。もし、これからメンタリストになろうという人がいるとしても、「ＤａｉＧｏのパクリだ」と指さされるだけです。つまり、メンタリストというブルーオーシャンを手に入れたということです。

## ●平均的な人を集めたチームでは成果を出せない

チームを作るうえでも、似たような人を集めるのではなく、それぞれにブルーオーシャンを見つけているメンバーを集めることが大事です。

たとえば、「人間大好き、つながりが大事」という人は営業などの対外的な仕事で力を発揮します。コミュニケーションが苦手でも、事務作業は速くて正確という人は、経理に向いています。いつも損得のことばかり考えている金の亡者のような人だって、交渉を担当させれば強い味方になります。

チームのメンバーは、全体的にいい人でなくてもかまいません。むしろ、得意分野はあるけれど、どうしようもない部分もあるという極端な人でいいのです。

そう考えることで、欠点のある人ともうまく付き合っていくことができるわけです。

**まとめ**

- 周りにいる人と同じ土俵で戦うのはやめる。
- 競争の激しいレッドオーシャンではなく、競争相手のいない自分だけのブルーオーシャンを見つける。
- チームは多様性が大事。他人の強みに着目すれば、うまくやっていける。

# 姿勢4 強みを活かす

【ワーク14】

## 他人の強みを見つける

相手の欠点ではなく、強みに目を向けられるようになると、人の力を引き出し、活用することがうまくなります。困ったときにも、誰に相談したらいいかがすぐわかり、いち早く解決策にたどり着けます。

わかりやすく言ってしまうと、こういう人が出世する、ということになるでしょう。家族、友人、仕事の関係者など、自分の周りにいる人の強みを把握しておくことはとても有益ですし、人間関係を豊かにしてくれます。

他人の強みをどう見つけるか、ですが、可能なら「BIG5TEST」などを受けてみてもいいでしょう。とはいえ、これは家族などよほど親しい相手にしか使えない方法です。実際には、もっと簡易な方法で十分です。

ここでは、とりあえず思い浮かんだ4人の人について、「この人はここがすごい」というポイントを3つずつ列挙してみてください。

これだけで、十分その人の強みは見えてくるはずです。

# 他人の強みを見つける

＿＿＿＿さんはここがすごい

❶

❷

❸

＿＿＿＿さんはここがすごい

❶

❷

❸

＿＿＿＿さんはここがすごい

❶

❷

❸

＿＿＿＿さんはここがすごい

❶

❷

❸

# 姿勢5　感謝する

## ●相手に感謝することで自分が幸せになる

幸福になるために、人間関係において必要な姿勢をここまで説明してきました。

その最後の一つは、「感謝する」こと。

自分が関わる人に感謝し、それを表現することです。

感謝をされれば誰でもうれしいものですから、これによって相手との関係が深くなることは言うまでもありません。

加えて、感謝には自分の幸福度を直接的にアップさせる効果もあります。

「あのとき助けてくれてありがとう」

「いつも◎◎をしてくれてありがとう」

といった感謝の気持ちを抱くだけで、なにかをしてもらったときのうれしい気持ちを追体験できるからです。

こうした効果の恩恵を十分に受けるためには、日頃から「ありがとう」と感謝の言葉を口に出すことはもちろんですが、もう一つ、エクササイズを付け加えましょう。

**お世話になった人、お世話になっている人に、感謝の手紙を書くのです。**

**この効果は絶大です。**

本書で何度か登場したマーティン・セリグマン博士は、感謝の手紙を書き、それを直接相手に会って読み上げる「感謝の訪問」というエクササイズを、幸福度を高め、抑うつを軽減するエクササイズとして推奨しているほどです。

とはいえ、感謝の手紙を読み上げるとなると、抵抗を感じる人が多いでしょう。

それどころか、「改まって手紙を書いて送るのさえ恥ずかしい」と思いませんか？

大丈夫です。実は、感謝の手紙は送らなくても（あるいは、わざわざ目の前で読み上げるような照れくさいことをしなくても）十分効果があるのです。

まず、感謝すると、なにかをしてもらったときのうれしい気持ちを追体験できる、と言いました。これは、自分の中で起きることですから、相手に送るかどうかは関係ありません。

次に、感謝の手紙を書くとなると、相手のネガティブな面に感謝することはありえないので、ポジティブな面に目を向けることになります。

ということは、**感謝の手紙を書くエクササイズを続けていくだけで、自然に人のポジティブな部分に目を向けるクセがついていきます。**

これによって、周囲の人との関係はどんどんよくなっていくでしょう。

感謝の手紙は、送らなくても人間関係を良好にしてくれるわけです。

## ●「敵」であっても感謝する

ちなみに、「感謝する」相手は、決して「味方」だけとは限りません。

「敵」というと大げさかもしれませんが、誰にでも苦手な人、嫌いな人はいます。

いつもネチネチと文句を言ってくる上司。ミスの多い後輩。仕事上で、どうしても意識してしまうライバル……などなどです。

こうした人たちは、ついつい敬遠したり、嫌ったり、ときには憎んでしまったりしがちなものですが、あえて「敵」にも感謝してみましょう。

繰り返しになりますが、感謝しようとすれば、相手のポジティブな面に目を向けざるをえません。

これまでは嫌っていた相手でも、ポジティブな面を探す視点で改めて見てみると、意外にいいところがあると気づけるものです。

「部長はたしかに口うるさいけれども、あの人がチェックしてくれるおかげで大きなミスは防げるじゃないか」

「仕事ができるのを鼻にかけていて気に食わなかったけど、考えてみれば誰よりも努力しているし、自分も刺激を受けているよな」

というようにです。

どうしてもいいところが見つからない相手なら、多少の「でっち上げ」もありです。洗脳に詳しい心理学者エドガー・シャイン博士によれば、人には、自分で書いたことにしばられる性質があります。でっち上げの内容や強制的に書かされたことでも、その内容のとおりに行動しやすくなるというのです。

つまり、無理にでも「敵」に感謝する内容の手紙を書くと、その人に向けての感謝の気持ちが生まれます。すると、自然とラクに接することができるようになり、関係も改善されていくでしょう。

## まとめ

・自分が関わる人に感謝し、それを表現する。
・お世話になった人に、感謝の手紙をこまめに書く。たとえ送らなくても関係はよくなる。
・感謝の手紙を書くことで、自然に人のポジティブな部分に目を向けられるようになる。
・「敵」にこそ、あえて感謝することで、「敵」すら利用できるようになる。

# 姿勢5　感謝する【ワーク15】

## ポジティブ心理学的に感謝するエクササイズ

感謝の大切さを説く自己啓発本はいくらでもあります。感謝するとうまくいく、という幸福論・成功法則はありふれています。

でも、こうした本で語られる「感謝」というのは、たいていは「すべての出来事・人に感謝する」「ありがとうを口癖にする」といったレベルの、表層的で型どおりのものです。はっきり言って、メールの文頭に「いつもお世話になっております」と社交辞令をつけるのと変わりないレベルで、やらないよりはマシ、という程度のものでしかありません。

ポジティブ心理学的な感謝は、もっと明確な内容を持っています。

それは、**相手が自分でも気づいていない強み、十分に自覚していない長所を見つけ、気づかせてあげること。**

たとえば、「いつも適切な忠告をありがとう」と伝えることは、相手の批判的思考力や注意深さという強みを伝えることなのです。

**本当に感謝するためには、相手の強みをまず見つけなくてはいけません。**

そして、相手の強みを踏まえた本当の感謝だからこそ、相手に影響を与えることができ、よりよい関係を生み出すことができるのです。

これが、ポジティブ心理学的な意味での感謝です。

前のワーク（183ページ）で列挙した他人の強みを踏まえて、感謝の気持ちを表現してみましょう。実際に相手に伝え、それが相手にどんな変化をもたらしたかのフィードバックまでとれればベストです。

## 感謝する
## エクササイズ

**183ページで書きだした強みを踏まえて、
相手のどんなところに感謝しているのかを
考えてみましょう。**

私が＿＿＿＿＿＿さんに感謝しているのは、

＿＿＿＿＿＿ことです。

DaiGo　だいご

作家、大学教授、企業顧問
慶応義塾大学理工学部物理情報工学科卒
英国発祥のメンタリズムを日本に初めて紹介。
心理学を応用し、コンサルティングや企業研修、ITサービスや遺伝子解析などのプロダクト開発などに関わる。
１日10冊以上の本を読み、著書は累計160万部。
実際は読書と２匹の愛猫をこよなく愛するただの引きこもり。

『心を操る超プロ メンタリストになる！』（翻訳・監修、ヒカルランド）
『メンタリズムを脳科学で解剖したらカリスマリーダーの作り方がわかった！』（茂木健一郎氏との共著、ヒカルランド）
『すべての「超能力」は再現できる⁉　DaiGoメンタリズムvs. Dr.苫米地“脱洗脳”』（苫米地英人氏との共著、ヒカルランド）
『自分を操る超集中力』（かんき出版）
『一瞬でYESを引き出す心理戦略。』（ダイヤモンド社）
『ポジティブ・ワード』（日本文芸社）
など著書多数。

ニコニコ生放送トップランカー入り、300以上の心理学動画を月540円で公開中
http://sp.ch.nicovideo.jp/mentalist

# メンタルサプリ
## 自分を操るポジティブな心理学

第一刷 2017年2月28日

著者 メンタリスト DaiGo

発行人 本間 肇
発行所 株式会社ヒカルランド
〒162-0821 東京都新宿区津久戸町3-11 TH1ビル6F
電話 03-6265-0852 ファックス 03-6265-0853
http://www.hikaruland.co.jp info@hikaruland.co.jp
振替 00180-8-496587

本文・カバー・製本 中央精版印刷株式会社
DTP 株式会社キャップス
編集担当 豊島裕三子


ISBN978-4-86471-405-1

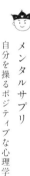

ヒカルランド　好評既刊！

地上の星☆ヒカルランド　銀河より届く愛と叡智の宅配便

DaiGoメンタリズムvs. Dr.苫米地“脱洗脳”
すべての「超能力」は再現できる!?
著者：苫米地英人、DaiGo
四六変型ソフト　本体1,800円+税

人気の海外ドラマ“THE MENTALIST”のナビゲーターとして、もっともホットな、あのメンタリストDaiGoがいよいよ［超能力］の謎を解く！　しかも、あの“占い師とタレント”問題でも話題の脱洗脳のプロ・苫米地博士がその理論の奥義を披露！　読まずにはいられない話題の本です。付録のDVDも、何と81分で見ごたえ抜群！　これだけでもぐっとお得!!　話題の超絶フォーク曲げのパフォーマンスを苫米地先生の前で披露。これは、一体、どうなっているのか!?

ヒカルランド　好評既刊！

新たなる知性の扉を開く！　ノックザノーイング★シリーズ

世界のしくみが見える世界史講義
著者：茂木 誠
四六変型ソフト　本体1,500円+税
ノックザノーイング★シリーズ009

病気はこうしてつくられる！
著者：船瀬俊介／宇多川久美子
四六変型ソフト　本体1,380円+税
ノックザノーイング★シリーズ010

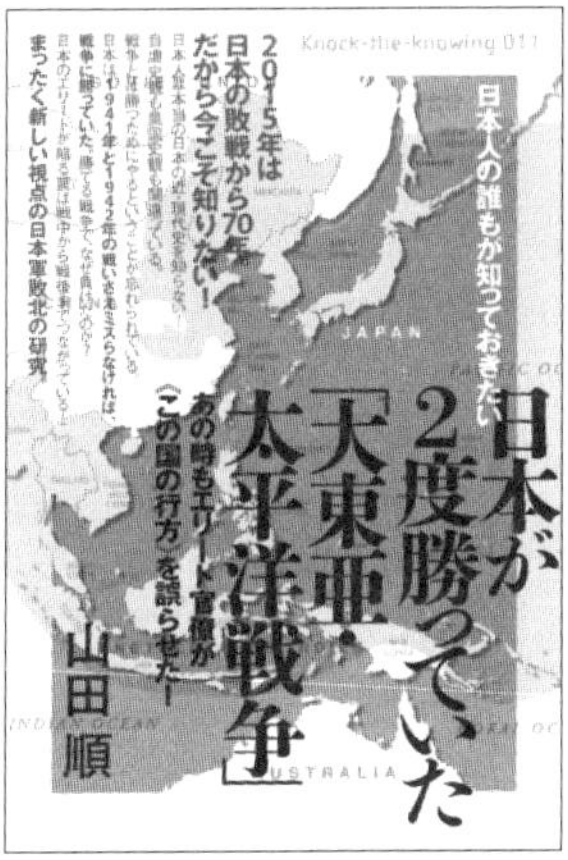


日本が２度勝っていた
「大東亜・太平洋戦争」
著者：山田 順
四六変型ソフト　本体1,500円+税
ノックザノーイング★シリーズ011

Dr.苫米地式資産運用法なら誰もが
絶対にrichになれる！
著者：苫米地英人
四六変型ソフト　本体1,333円+税
ノックザノーイング★シリーズ012

ヒカルランド　好評既刊！

地上の星☆ヒカルランド　銀河より届く愛と叡智の宅配便

## 聴くだけで意識が全開になるCD 2 枚組<br>30 年の伝説。サイバーリーディング<br>「ルン・ル」ワールドへようこそ！

ゆるんだ人からうまくいく。CDブック
聴くだけで意識が全開になる〈サイバーリーディング〉ルン・ル
著者：ひすいこたろう／植原紘治
四六変型箱入り　本体10,000円+税

### 太陽の音、月の音、地球の音。三位一体の「宇宙の音」が<br>リミックスされた「宇宙交響曲《ルン・ル》CD」

「ルン・ル」が待望のフルバージョンCD 2 枚組となり、さらに、天才コピーライター ひすいこたろう氏の本がセットになったスペシャル版（箱入り）です！

**◎本　ルン・ル歴 6 年。作家ひすいこたろう、ルン・ルを語る**
**◎ CD ①「ルン・ル宇宙交響曲」（約55分）**
太陽と月、地球やさまざまな惑星の発する音をリミックス
**◎ CD ②「ルン・ル無言交響曲」（約50分）**
この響きは波動です。神道でも「ゼロ」＝「無限大」という考え方があります。沈黙のルン・ルをお楽しみください。

前作『ゆるんだ人からうまくいく。』付録CD（約20分）から大幅にバージョンアップしたCD（約55分）は、実際の植原紘治氏の指導が体感できます。
余分な力を入れずにCDを聴いてみてください。〈デルタ脳波速読法〉の効果で忘れた頃に、まわりから驚かれる存在になっています！

## ◉小型メビウス・ヒーリング・スピーカー

もう少し小型で安価なスピーカーは出来ないですか？　という皆様からのご要望にお応えする形で小型メビウス・ヒーリング・スピーカーが誕生しました。
木目調仕上げとなっており、自然界の音波の発生原理と同じく、球面波を発生させることを特徴としています。本スピーカーが音を発する時、自然の中で響き渡る音と同じ球面波が発生します。発生した音波波動は森林浴に於けるマイナスイオン効果のごとく体全体に深く染み透ります。脳の奥深くに記憶された太古の自然音が呼び起こされ、原体験をした原始脳にまで届き、多くのストレスや雑念が払拭されていきます。音響療法と音楽療法が、一度に受けられます。
木目調ではなく、違う色をご希望の場合は、別途32,400円（税込）ほど掛かりますが、指定の色にすることも出来ます。

**販売価格　162,000円（税込）**

受注生産のため注文から１ヶ月前後のお時間をいただいております。
２個組１セット（スピーカーのみです。アンプは別途ご購入ください）
１個の外寸　高さ230㎜　幅180㎜　奥行き230㎜
重量　3.2kg×２個　ケーブル３m付
（ウィングサプライインターナショナル製作）

**【お問い合わせ先】**　ヒカルランドパーク

## ◉メビウス・ヒーリング・スピーカー

メビウス・ヒーリング・スピーカーは波動スピーカーです。エンクロージャー（筐体）もスピーカーユニットも曲面で構成し、自然界の音波の発生原理と同じく、球面波を発生させることを特徴としています。

本スピーカーが音を発する時、自然の中で響き渡る音と同じ球面波が発生します。発生した音波波動は森林浴に於けるマイナスイオン効果のごとく体全体に深く染み透ります。脳の奥深くに記憶された太古の自然音が呼び起こされ原体験をした原始脳にまで届き、多くのストレスや雑念が払拭されていきます。

世界初の超楕円からなる曲面によるエンクロージャー。モノコック（張殻）構造により、これまでにない強固なボディ。曲面からなる立体メビウス構造のため、スタンディングウェーブが発生せず吸音材、補強材などの必要がありません。

自然音の発生原理を取り入れた世界初オリジナル凸型スピーカーユニットで構成。各ユニットの最高性能を引き出すため、特殊波動フィルターにより綿密に特性を制御し周波数特性、位相特性、ダイナミックス等あらゆる物性におけるレスポンスを理論値に近似とし、高性能化しています。

自然音が再現されることで、やすらぎ、音楽療法が可能になります。日本人の超感性にぴったりの世界で他にはないスピーカーです。

**販売価格　378,000円（税込）**

お好みの色を選べます特殊塗装の場合は別途料金をいただく場合がございます。受注生産のため注文から１ヶ月前後のお時間をいただいております。
２個組１セット（スピーカーのみです。アンプは別途ご購入ください）
１個の外寸　高さ320㎜　幅240㎜　奥行き300㎜
重量　６㎏×２個
（ウィングサプライインターナショナル製作）

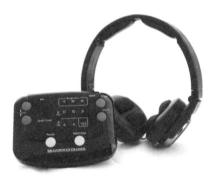